Robert Sturm

Römische Befestigungsbauten am norischen Donaulimes

Archäologische Kurzdarstellung der Baudenkmäler
zwischen Oberranna und Zeiselmauer

**Sturm, Robert: Römische Befestigungsbauten am norischen Donaulimes.
Archäologische Kurzdarstellung der Baudenkmäler zwischen Oberranna und
Zeiselmauer, Hamburg, disserta Verlag, 2020**

Buch-ISBN: 978-3-95935-550-6
PDF-eBook-ISBN: 978-3-95935-551-3
Druck/Herstellung: disserta Verlag, Hamburg, 2020
Covermotiv: © Robert Sturm

Bibliografische Information der Deutschen Nationalbibliothek:
Die Deutsche Nationalbibliothek verzeichnet diese Publikation in der Deutschen
Nationalbibliografie; detaillierte bibliografische Daten sind im Internet über
http://dnb.d-nb.de abrufbar.

© disserta Verlag, Imprint der Bedey Media GmbH
Hermannstal 119k, 22119 Hamburg
http://www.disserta-verlag.de, Hamburg 2020
Printed in Germany

Vorwort

In den vergangenen Jahrzehnten ist eine Vielzahl an Büchern und wissenschaftlichen Artikeln zu den Römern in Österreich veröffentlicht worden. Durch dieses wahre Sammelsurium an Publikationen erlangt man den Eindruck, dass ein hoher Erforschungsgrad in Bezug auf die antike Geschichte Österreichs besteht. Diese Wahrnehmung trügt ein wenig, da die Archäologie noch viele Fragen zu den römischen Niederlassungen entlang der Donau und im südlich daran angrenzenden Hinterland zu beantworten hat. Die nach wie vor rege Tätigkeit der archäologischen Forschung hat freilich einen stetigen Anstieg des jährlichen Publikationsvolumens zur Folge, so dass es vor allem dem nichtwissenschaftlichen Publikum immer schwerer fällt, auf dem neuesten Kenntnisstand in Sachen *Austria Romana* zu bleiben.

Aufgrund der oben angesprochenen Vielfalt an Veröffentlichungen, welche sich auch teilweise im Literaturverzeichnis widerspiegelt, verliert man sehr rasch den Überblick darüber, was wirklich wichtig ist und was in die Rubrik „Expertenwissen" einzuordnen ist. Zahlreiche Schriften verfolgen lediglich das Ziel einer Detailbeschreibung zu einem bestimmten archäologischen Fundort, wodurch von der Leserschaft genauere, über das Allgemeinwissen hinausgehende Sachkenntnisse abverlangt werden. Die hier vorliegende Monografie unternimmt den Versuch, das Fachpublikum und die fachfremde aber ambitionierte Leserschaft in gleichem Maße anzusprechen. Zu diesem Zweck werden die hier behandelten Inhalte zwar auf leicht verständliche Art und Weise präsentiert, ohne sich jedoch dabei in einer unterhalb jeglichen Basiswissens rangierenden Banalität verlieren zu wollen.

Natürlich wurden in der Vergangenheit bereits etliche Führer zum Donaulimes in Österreich publiziert. Hier sind insbesondere die Werke von Kurt Genser (1986), Manfred Kandler und Hermann Vetters (1986) sowie Herwig Friesinger und Fritz Krinzinger (1997) zu nennen. Trotz dieser Fülle an Werken ist eine weitere Veröffentlichung zu der wichtigen Thematik aus mehrerlei Gründen zu befürworten. Die genannten Bücher sind zum Teil bereits mehr als 30 Jahre alt und präsentieren demzufolge nicht mehr den allerneuesten Wissensstand der archäologischen Forschung. Die bisher erschienenen Abhandlungen zum Donaulimes in Österreich sprechen vor allem ein universitäres Fachpublikum an und lassen sich nur beschränkt für populärwissenschaftliche Zwecke nutzen. Die vorliegende Monografie beschränkt sich aufgrund der gebotenen Wissensfülle auf die römische Donaugrenze in der ehemaligen Provinz Noricum, so dass die Leserschaft mit einem kleineren Themenumfang konfrontiert wird. Innerhalb des schon oben erwähnten Interessentenkreises richtet sich das Buch vor allem an Hobbyarchäologen und -archäologinnen sowie jenes mit der Geschichtspädagogik befasste Lehrpersonal. Für letztere Gruppe kann das Werk unter anderem als Grundlage zur Planung von Lehrausflügen und längeren Exkursionen dienen. Grundsätzlich wurde hier der Versuch einer Beschränkung auf die wichtigsten Sachverhalte zu den einzelnen archäologischen Fundstätten unternommen. Daraus resultierte letztendlich eine in Hinblick auf ihren Umfang sehr übersichtliche Publikation. Die vorliegende Abhandlung vermag sich auch aufgrund des Umstandes, dass aktuelleres Bildmaterial zu den einzelnen Baudenkmälern zur Präsentation gelangt, von den genannten Vorgängerwerken zu unterscheiden.

Die für das Buch benötigten Wissensgrundlage sowie das zugehörige Bildmaterial wurden vor allem im Zuge von Exkursionen gewonnen, welche vom Fachbereich für Altertumswissenschaften an der Universität Salzburg zur Veranstaltung gelangten. Anhand zahlreicher Fachgespräche mit der jeweiligen Exkursionsleitung wurde letztendlich die Idee zur Abfassung der vorliegenden Monografie geboren.

Robert Sturm, Herbst 2020

Inhaltsverzeichnis

Die Römer in Österreich

1.1 Der Ostalpenraum in vorrömischer Zeit

Noch vor seiner Invasion und Okkupation durch die Römer war der östliche Alpenraum von einer Vielzahl an Volksstämmen besiedelt, welche untereinander keine besonderen Beziehungen pflegten und in dieser Hinsicht den antiken griechischen Stadtstaaten ähnelten. Bei den leichter erreichbaren Stämmen erfolgte im Laufe der Eisenzeit eine zum Teil signifikante Keltisierung, wohingegen die in Abgelegenheit siedelnden Völkerschaften ihre ethnischen und kulturellen Eigenheiten bewahren konnten. Die stärkste Einflussnahme gelang den Kelten in den von großen Flusstälern durchschnittenen Bergbauregionen der Nord- und Zentralalpen, wo Salz, Eisen und Gold zum Abbau gelangten. Als weiterer Niederlassungsort von keltischen Stämmen galten die Uferlandschaften der Donau, welche schon zum damaligen Zeitpunkt eine bedeutende Handelsverbindung zwischen Ost und West repräsentierte.[1]

Im Zeitalter der frühen römischen Republik schlossen sich einige alpinkeltische Stämme unter der Hegemonie der *Norici* zu einem größeren Verband zusammen. Dieser handelte mit Rom einen Freundschaftsvertrag (*foedus*) aus und wurde mit dem römischen Terminus *regnum Noricum* bedacht.[2] Gemäß neueren archäologischen Forschungen erstreckte sich das norische Königreich vom Alpenhauptkamm bis zur Donau und vom unteren Inntal bis zum sogenannten Pelso-See, der wohl dem heutigen Plattensee (Balaton) in Ungarn entspricht. Während sich östlich des *regnum Noricum* der Einflussbereich der keltischen *Boii* erstreckte, entstand im mittleren Inntal an der Nordgrenze des Reichs eine dem Einfluss der Kelten stärker widerstehende Enklave, deren Stämme unter der Bezeichnung *Raeti* zusammengefasst wurden. Nördlich dieses Volkskonglomerats und hier insbesondere im bayerischen Alpenvorland dehnte sich wiederum der Siedlungsraum der *Vindelici* aus.[3]

1.2 Die römische Provinzialisierung des Ostalpenraumes

Als initiales Ereignis für die Unterwerfung der Alpenregionen unter die römische Herrschaft sind aus heutiger Sicht bereits die Eroberungszüge des Gaius Iulius Caesar (100-44 v. Chr.) zu sehen, welche eine signifikante Expansion des Provinzialterritoriums nach Osten und Westen bewirkten. In der Endphase der römischen Republik bestand das wesentliche Ziel der politischen Führung darin, den zwischen nördlichen Provinzen und italischem Mutterland eingeschobenen Keil der Alpen in den Besitz der Römer zu bringen. Dieses Vorhaben scheiterte freilich lange Zeit an der Unwegsamkeit des Gebirges auf der einen Seite und der Widerstandskraft seiner Bevölkerung auf der anderen. Erst in der Regierungszeit des Augustus (27 v. Chr.-14 n. Chr.) konnte es schließlich in die Realität umgesetzt werden.[4] Durch die allmähliche Unterwerfung der Alpenstämme schuf der Kaiser die Voraussetzung zur Okkupation Germaniens aus zwei Richtungen, nämlich der Rheinlinie im Westen und der Donaulinie im Süden.

Für die relativ rasche und erfolgreiche Romanisierung der Ostalpen zeichneten die beiden Adoptivsöhne des Augustus und Oberbefehlshaber des römischen Heeres, Drusus und Tiberius, verantwortlich. Bereits im Jahre 15 v. Chr. gelang den beiden Militärstrategen die Unterwerfung der rätischen und vindelikischen Stämme unter die römische Herrschaft. Diesem entscheidenden Ereignis gingen einige kleinere Scharmützel in den Jahren 17 und 16 v. Chr. voraus, darunter auch eine Naumachie (Seeschlacht), welche den antiken Quellen zufolge auf dem Bodensee stattgefunden haben soll.[5] Nach Beendigung des Eroberungszuges befanden sich alle Gebiete südlich der Donau in römischem Besitz, und das einst so stolze *regnum Noricum* fristete fortan innerhalb der Grenzen des Römischen Reichs sein bescheidenes Dasein. Die neuen Herrschaftsverhältnisse wurden von allen alpinen

Stämmen mit Ausnahme der *Ambisontes* zur Kenntnis genommen.[6] Letztere führten gegen die Römer zunächst noch eine Art Guerillakrieg, konnten jedoch schließlich ebenfalls in die Knie gezwungen werden. So erfolgreich der augusteische Imperialismus noch vor der Zeitenwende angelaufen war, so abrupt und grausam endete dieser schließlich in der Varus-Schlacht im Jahre 9. n. Chr., als die römischen Truppen im Teutoburger Wald von germanischen Kriegern überrannt und vernichtet wurden.

Nach der verheerenden Niederlage in der Varus-Schlacht konzentrierte sich Rom vornehmlich auf die Stabilisierung des illyrisch-pannonischen Raumes, wo es sich zuvor mit aufständischen Scharen konfrontiert gesehen hatte, so etwa beim Pannonischen Aufstand der Jahre 6-8 n. Chr. Im Jahre 11 n. Chr. erfolgte sehr zum Missfallen der ansässigen Parteien die Gründung der Provinz *Illyricum*.[7] Dieses Ereignis spielte auch für das alpine *Noricum* eine wichtige Rolle, da das ehemalige Königreich unter das militärische Kommando von *Illyricum* gestellt wurde.[8] Unter Kaiser Claudius (41-56 n. Chr.) wurden *Raetia* und *Noricum* zu rechtsgültigen Provinzen proklamiert, welchen jedoch zu Beginn noch keine gebührende militärische Präsenz zugestanden wurde, weil sich die Heeresmacht auf die östlichste Provinz, *Illyricum inferius*, zusammenballte.[9] Um eine nachhaltige Sicherung des Handelsweges von Aquileia zur Ostsee (Bernsteinstraße) gewähren zu können, wurden große Bereiche des Wiener Beckens sowie die Stammesgebiete der *Boii* von *Noricum* abgetrennt und *Illyricum inferius* zugeschlagen.[10] Kaiser Claudius erhob den Donaulimes zu einer militärischen Kordongrenze und ließ dazu die im Landesinneren stationierten römischen Truppen direkt an den Grenzfluss verlegen und in permanenten Lagern unterbringen. Dieser Schritt besaß nicht nur erhebliche militärische Konsequenzen, sondern hatte auch ein Aufblühen des Wirtschaftslebens im Grenzraum zur Folge. Um die Militärlager herum entstanden nämlich zum Teil ausgedehnte Siedlungen mit entsprechenden Markt- und Handwerksvierteln.[11]

Unter dem römischen Kaiser Nero (56-68 n. Chr.) wurde der von den Vorgängern eingeschlagene Pfad hinsichtlich der Grenzpolitik im Norden des Reichs in großen Teilen beibehalten. Die Provinz *Illyricum in-*

ferus wurde jedoch in *Pannonia* umbenannt[12], welches bis zum heutigen Tag im Sprachgebrauch der regionalen Geografie (pannonische Tiefebene) verankert ist. Während der Regierungszeit des Imperators Domitian (81-96 n. Chr.) erreichte die ökonomische Entwicklung im Gebiet des Donaulimes einen erstmaligen Höhepunkt, was sich unter anderem dadurch erklären lässt, dass die Anzahl der Legionsstandorte entlang der Donau ihre kontinuierliche Vermehrung erfuhr. In *Noricum* kam es zur Errichtung von neun neuen Garnisonsorten, während im österreichischen Teil von *Pannonia* immerhin noch zwei neue Fixpunkte für das römische Heer entstanden.[13]

Bereits unter Claudius erfolgte in den nördlichen Provinzen an der Donau eine sukzessive Steigerung des Romanisierungsgrades, was den Kaiser letztlich zur Vorantreibung der Urbanisierung in diesem geopolitisch so bedeutsamen Raum bewog. Ausgewählten Siedlungen wurde zu diesem Zweck das munizipale Stadtrecht verliehen, wodurch sie sich auf der einen Seite reiche Ländereien sichern konnten, auf der anderen Seite aber auch zur Installation einer Regierung nach römischem Vorbild verpflichteten. Zu den ersten Munizipien zählten *Brigantium* (Bregenz), *Iuvavum* (Salzburg), *Aguntum* (nahe Lienz), *Teurnia* (nahe Spittal an der Drau), *Virunum* (auf dem Kärntner Zollfeld) und *Savaria* (Szombathely).[14] Der zwischen den Munizipien verbliebene geografische Raum wurde oftmals von sogenannten *civitates* erfüllt, bei welchen es sich um unter Aufsicht der römischen Obrigkeit stehende Stammesterritorien handelte. Zu den bedeutendsten interurbanen Gemeinden zählten die *civitas Boiorum* im Bereich des Neusiedler Sees und die *civitas Saevatum et Laiancorum* im Pustertal und oberen Drautal. Unter den Flaviern wurde die von Claudius ins Leben gerufene Liste der Munizipien durch das norische *Solva* (bei Leibnitz) und das pannonische *Scarbantia* (Sopron) erweitert.[15] Die Verleihung des munizipialen Stadtrechtes fand auch unter den Adoptivkaisern ihre ungehinderte Fortführung, da man ihren strategischen und ökonomischen Nutzen für das *imperium Romanum* erkannt hatte. Als in dieser Hinsicht besonders eifrig galt Kaiser Hadrian (117-138 n. Chr.), der zahlreiche Reisen in die nördlichen Provinzen unternahm und *Ovilava*

(Wels), *Cetium* (St. Pölten) und die Zivilsiedlung von *Carnuntum* (Petronell) zu Munizipien erhob.[16]

Die mit den Städtegründungen Hand in Hand gehende Romanisierung des Alpenraumes und der nördlich daran angrenzenden Gebiete konnte anderthalb Jahrhunderte erfolgreich fortgeführt werden, ehe sie mit dem Markomannenkrieg ihr abruptes Ende nahm. Diese Auseinandersetzung war gewissermaßen vorprogrammiert, da jenes nördlich der Donau siedelnde germanische Klientelfürstentum zunächst durch Rom seine großzügige Unterstützung erfuhr und aufgrund dessen sukzessive an Macht gewinnen konnte. Nachdem die römische Armee durch die an der Ostgrenze des Reiches wütenden Partherkriege geschwächt und verwundbar gemacht worden war, traten die bis dahin noch so bündnistreuen Markomannen über die Donau und drangen von dort bis in den norditalienischen Raum vor, wo sie sich schließlich mit mehreren Legionen konfrontiert sahen.[17] Das an etlichen Fronten kämpfende römische Heer galt aufgrund mangelnder Hygiene als Brutstätte für zahlreiche Seuchen, welche auch auf die Zivilbevölkerung übergriffen und innerhalb dieser eine Vielzahl an Todesopfern forderten.[18] Eine Beendigung des Markomannenkrieges zugunsten Roms gelang erst unter Kaiser Marcus Aurelius (161-180 n. Chr.) nach umfangreicher Rekrutierung neuer Truppen. Der römische Herrscher residierte während der kriegerischen Auseinandersetzungen lange Zeit in Carnuntum, wo er sich nicht nur den Fragen nach einer geeigneten Militärstrategie zuwendete, sondern auch einen Teil seiner „Selbstbetrachtungen" niederschrieb. Zudem beabsichtigte er eine neue Provinz mit dem Namen *Marcomannia* zu gründen und damit eine signifikante Veränderung der geopolitischen Situation nördlich der Alpen ins Auge zu fassen. Diese Pläne gelangten jedoch nach dem frühen Tod des Kaisers niemals zur Realisation.[19]

Marcus Aurelius' Sohn und Nachfolger Commodus (180-193 n. Chr.) zählte zu jenen römischen Herrschern, welche weniger durch ihre politischen Fähigkeiten als durch ihren unüberwindbaren Drang zur Selbstinszenierung hervorstachen. Commodus ließ jenseits der Donau eine breite Sperrzone errichten und versicherte sich durch spezielle Klientelverträge des dauerhaften Friedens mit den Markomannen und

Quaden. Gleichzeitig erfolgte jedoch eine aus heutiger Sicht bemerkenswerte Verstärkung des Grenzschutzes; so wurden etwa die *legiones II et III Italicae* am Limes stationiert[20], wobei ein Truppenverband in Regensburg, der andere hingegen in Albing am rechten Ennsufer und später in *Lauriacum* am linken Ennsufer seine dauerhafte Unterbringung fand. Diese massive Heeresverschiebung nach Norden hatte eine Verlegung der Provinzverwaltung *Noricums* von *Virunum* nach *Ovilava* (Wels) beziehungsweise nach *Lauriacum* zur Folge.[21]

Zur Zeit der Severer trat in den nördlichen Provinzen eine Phase des weitgehenden Stillstandes und Friedens ein. Die Provinzhauptstadt *Carnuntum* avancierte lediglich einmal zum Mittelpunkt der Weltpolitik, als dort im Jahre 193 n. Chr. die Ausrufung von Septimius Severus (193-211 n. Chr.) zum römischen Kaiser erfolgte.[22] Die Stadt zog aus diesem Ereignis durch ihre Erhebung vom Munizipium zur *colonia* großen Profit und erlangte zudem in der römischen Welt durch zahlreiche Münzprägungen einen deutlich gesteigerten Bekanntheitsgrad.[23] Unter Kaiser Caracalla (211-217 n. Chr.), dem Sohn und Nachfolger des Septimius Severus, wurde die *constitutio Antoniniana* für alle Provinzen zur rechtsgültigen Verfassung erhoben. Dadurch war es der bis dahin eher rechtelosen peregrinen Reichsbevölkerung fortan gestattet, das römische Bürgerrecht für sich in Anspruch zu nehmen.[24] Der Herrscher erhob innerhalb seiner Amtszeit die Stadt *Ovilava* zur *colonia* und stattete darüber hinaus die Zivilsiedlungen von *Lauriacum* und *Vindobona* mit dem munizipalen Stadtrecht aus.[25]

Der Zeitraum zwischen 235 und 289 n. Chr. zeichnete sich durch eine rasche Abfolge von Kaiserausrufungen aus (Ära der Soldatenkaiser), wodurch das Römische Reich letztendlich in eine schwere politische Krise schlitterte. Die im Reichsinneren tobenden Auseinandersetzungen blieben den Nachbarvölkern freilich nicht verborgen und führten zu deren zeitweisem Aufbegehren gegen die römische Hegemonialmacht. Bei den immer wieder aufkeimenden Kriegen erwies sich das Fehlen mobiler Einheiten als großer Nachteil. Dadurch nämlich wurde es den Feinden relativ leicht gemacht, an schwächer bewachten Stellen des Limes in das Reichsterritorium einzudringen. Nachdem man diese Schwachstelle von römischer Seite erkannt hatte, veranlasste man eine

Verschiebung des rätischen Limes auf die Linie Rhein-Iller-Donau und die Errichtung eines neuen Straßennetzes zur rascheren Überwindung von größeren Entfernungen. In der zweiten Hälfte des 3. Jh. n. Chr. befasste man sich darüber hinaus mit der Aufstellung einer schlagkräftigen Reiterarmee, welche sich durch ihre schnelle Fortbewegung entlang der Grenze auszeichnete.[26] Am Ende des Säkulums war die Limesbewachung schließlich vollständig reformiert und in ihrem Bestand gesichert, so dass einzelne germanische Scharen nicht mehr in das Reichsterritorium einzudringen vermochten.[27]

1.3 Die nördlichen Provinzen in der Spätantike

Unter Kaiser Diocletianus (284-305 n. Chr.) konnte die ursprüngliche Stabilität der nördlichen Reichsgrenze zwar wieder hergestellt werden, die von den Vorgängern begonnene Modernisierung der Limesarmee erfuhr jedoch keine Fortsetzung mehr. Die mühsam ins Leben gerufenen mobilen Schlachtarmeen wurden kurzerhand wieder aufgelöst und auf die Garnisonen der Grenzkastelle aufgeteilt. Einzelne Truppenkörper wurden mit zusätzlichen Soldaten aufgestockt und zu kleineren und effizienteren Einheiten umstrukturiert.[28] In innenpolitischer Hinsicht setzte der Kaiser zwei schwerwiegende Veränderungen durch. Zum einen teilte er das Reich in zwei Regentenbezirke auf, welche jeweils von einem Augustus und seinem Caesar beherrscht wurden. Zum anderen realisierte er eine grundsätzliche Trennung von militärischer und ziviler Gewalt, was sich in der Schaffung von Präfekturen, Diözesen und Provinzen niederschlug.[29] Im Gebiet des heutigen Österreich bewirkte die Neugliederung des Reichs die Generierung von insgesamt fünf Provinzen, nämlich *Raetia prima et secunda, Noricum ripense et mediterraneum* sowie *Pannonia prima* (→ Abb. 1).[30] Die zivile Administration der beiden norischen Provinzen erfolgte zunächst über *Ovilava* und *Virunum*, später aber über *Ovilava* und *Tiburnia* (= *Teurnia*). Während *Noricum mediterraneum* vermutlich kein militärisches Kommando beherbergte, wurden die vier anderen Provinzen jeweils der Befehlsgewalt eines sogenannten *dux* (General) unterstellt.[31]

15

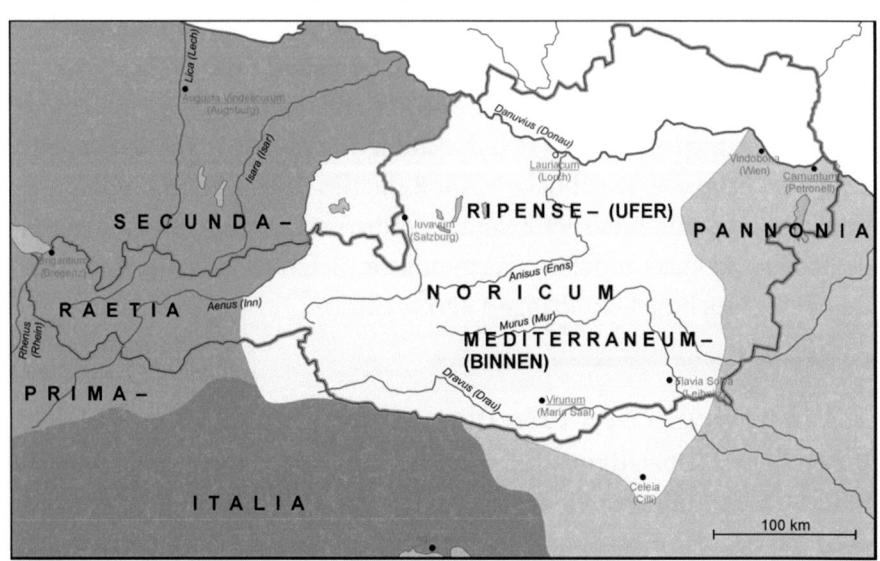

1 | Politische Gliederung des nördlichen Reichsgebietes in der Spätantike. Unter Kaiser Diocletianus erfolgte die Gründung der fünf Provinzen *Raetia prima et secunda, Noricum ripense et mediterraneum* sowie *Pannonia prima.*

Unter Konstantin dem Großen (Constantinus; 324-337 n. Chr.) wurden unter den Tetrarchen zum Teil gewaltsame Machtkämpfe ausgefochten, welche in der Schlacht an der Milvischen Brücke ihren Höhepunkt erlebten. Als Resultat dieser Auseinandersetzungen erfuhr das ehemals durch Diocletianus ins Leben gerufene Regierungskonzept wieder seine Einstellung. Konstantin avancierte nach der systematischen Beseitigung seiner Widersacher zum Alleinherrscher über das Römische Reich und führte zu dessen nachhaltiger Stabilisierung eine Erbmonarchie ein. Im Ostalpen- und Donauraum kam es aufgrund zweier kaiserlicher Maßnahmen zu bedeutsamen Veränderungen. Auf der einen Seite erfolgte nämlich die Schaffung eines neuen mobilen Heeres auf Kosten der fest stationierten Grenztruppen, auf der anderen Seite gelangte die christliche Religion in den nördlichen Provinzen zur permanenten Ausbreitung, wobei gezielte Missionarsarbeit eine dauerhafte Verbannung aller heidnischen Kulte herbeiführen sollte.

Nachdem die pannonische Hauptstadt *Carnuntum* im 3. Jh. n. Chr. noch über einen politischen und ökonomischen Sonderstatus verfügt hatte, verlor diese unter Kaiser Konstantin wieder zunehmend an Bedeutung. Die gesamte Donauregion geriet sukzessive aus dem Fokus des innenpolitischen Interesses, was in erster Linie darauf zurückgeführt werden kann, dass am Donaulimes über etliche Jahrzehnte hinweg militärische Ruhe und relativ stabile Friedensverhältnisse vorherrschten. So wurde die Aufmerksamkeit der Reichsführung vermehrt auf andere Provinzen wie etwa jene im Nahen Osten gelenkt.[32]

Unter Constantius II. (350-361 n. Chr.) waren die beiden Provinzen *Noricum ripense* und *Pannonia prima* nur durch unwesentliche militärische Aktivitäten gekennzeichnet, welche auf innenpolitische Querelen und gelegentliche Donauübertritte einzelner Freischärler beschränkt blieben. In der Amtszeit von Kaiser Valentinianus I. (364-375 n. Chr.) erfuhr dieser Sachverhalt eine schlagartige Änderung, da von Norden her ein neues Bedrohungspotenzial erwuchs. An der ober- und niederösterreichischen Limesstrecke kam es demzufolge zu einer vermehrten Bautätigkeit,[33] wobei die baulichen Maßnahmen keineswegs nur auf die Instandsetzung und Modernisierung der alten Lageranlagen beschränkt blieben, sondern auch die Errichtung neuer Kleinkastelle (z. B. Oberranna) und Wachttürme (z. B. Wilhering, Bacharnsdorf und Rossatz) zwischen den Großlagern umfassten.[34] Die vom römischen Militär gesetzten Handlungsschritte hatten eine signifikante Verdichtung des Kordons zur Folge, womit ein Durchdringen fremder und innerhalb des Reichs subversiv wirkender Kräfte unterbunden werden konnte. Die als Errungenschaft der konstantinischen Heeresreform geltende mobile Feldarmee wurde fortwährend mit zusätzlichen Truppenkörpern versorgt, welche zuvor aus dem Grenzheer ausgeschieden worden waren und unter dem Terminus „pseudocomitatensische Legionen" überliefert sind. Als bekannteste Einheiten dieses Typs galten im österreichischen Raum die von der *legio II Italica* in *Lauriacum* stammenden *lanciarii Lauriacenses* sowie die aus *Comagena* kommenden *lanciarii Comaginenses*.[35]

Aufgrund des fortschreitenden Mangels an soldatischen Kräften resultierte die Verstärkung der beweglichen Heereseinheiten in einer kon-

17

tinuierlichen Reduktion der stationären Grenzarmee. Dieser als Limitanheer bezeichnete militärische Körper rekrutierte sich zunehmend aus Männern, welche einerseits aus sehr einfachen Verhältnissen stammten und andererseits mit der hohen Militärkunst nicht mehr vertraut waren. Diese bewohnten zumeist gemeinsam mit ihren Familien die einzelnen Wehrbauten und bestritten ihren Lebensunterhalt durch Bestellung der umliegenden Ländereien.[36] Das gegen Ende des 4. Jh. n. Chr. immer stärker ins Rampenlicht rückende Wehrbauerntum wurde in erster Linie durch Steuererleichterungen angeworben und entstammte in überwiegender Mehrzahl den ärmsten Bevölkerungsschichten. Die partielle Übergabe militärischer Belange in zivile Hände hatte unter anderem die Ausweitung alter Kastelle zu befestigten *oppida* zur Folge. Die wenigen in diesen Siedlungsstrukturen verbliebenen Soldaten grenzten sich von den Zivilisten durch die Erbauung neuer Kleinfestungen innerhalb der alten Lager ab, so dass quasi Lager in Lagern entstanden (→ Abb. 2).[37]

Die durch Valentinianus I. ins Leben gerufene Bautätigkeit blieb nicht nur auf die römische Seite des Grenzgebietes beschränkt, sondern griff stellenweise auch auf das transdanubische *Barbaricum* über, wo die Errichtung sogenannter *praesidiaria castra* (z. B. Oberleiserberg, Stillfried) erfolgte.[38] Diese in zunehmendem Maße aggressive Grenzpolitik des Römischen Reichs führte zu teils heftigen Protesten der nördlich der Donau angesiedelten Germanen. Mancherorts artete die Aversion gegen Rom sogar in ausgedehnten Kampfhandlungen aus. Obwohl der Kaiser in einem groß angelegten Feldzug die feindlichen Invasoren erfolgreich aus dem Provinzgebiet verbannen konnte, blieb ihm die Umsetzung seiner politischen und militärischen Vorhaben aufgrund seines plötzlichen Todes im Jahre 375 n. Chr. verwehrt. Diese Aufgabe fiel nun seinem Bruder und Mitregenten Valens (364-378 n. Chr.) zu, der jedoch in der Schlacht von Adrianopel im Kampf gegen Goten und Alanen den Tod fand.

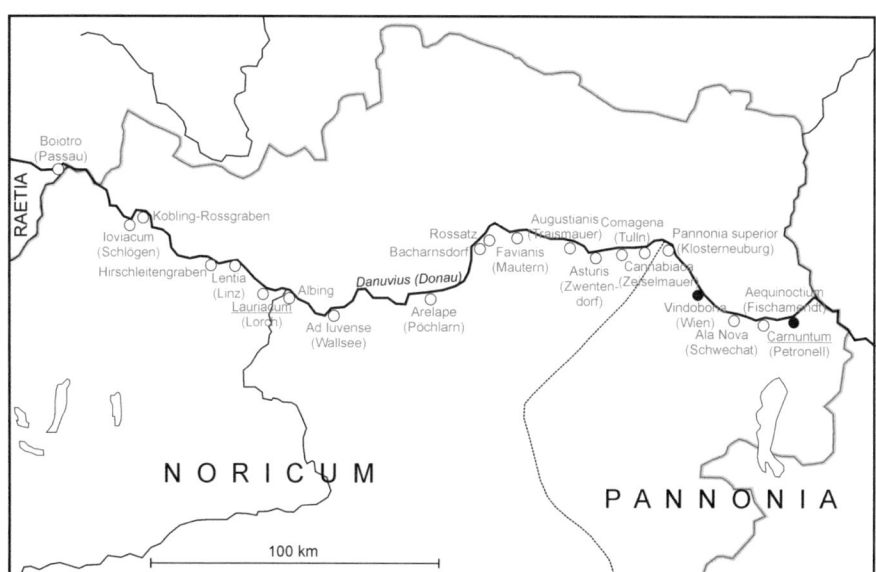

2 | Überblickskarte mit bedeutenden Militärstützpunkten am Donaulimes zwischen *Boiotro* (Passau) und *Carnuntum*. Auf Basis umfangreicher archäologischer Untersuchungen lässt sich festhalten, dass die baulichen Relikte der Römerzeit insbesondere in der westlichen norischen Provinz nur mehr in ihren Grundfesten erhalten geblieben sind. Im östlichen *Noricum* und in Pannonien können zum Teil noch vollständig erhaltene Bauwerke bewundert werden.

Die verheerende Niederlage Roms gegen die osteuropäischen Volksstämme brachte es freilich mit sich, dass den Invasoren entsprechender Siedlungsraum zur Verfügung gestellt werden musste.[39] Um einen dauerhaften Frieden mit den einstigen Gegnern zu erreichen, bot man diesen einen Bündnisvertrag (*foedus*) an, der ihnen weitgehende Rechte zugestand, sie auf der anderen Seite aber auch zur Sicherung der Reichsgrenzen verpflichtete.[40] Das von den Römern entwickelte *foedus*-Modell erfüllte in den kommenden Jahrzehnten noch mehrere Male seinen Zweck. So gelangte es beispielsweise im Jahre 395 n. Chr. zur Anwendung, nachdem die suebischen Markomannen den Donaulimes von *Pannonia prima* überwunden hatten und daraufhin bis zur Adria vorgedrungen waren. Dem Stamm konnte erst nach Zusage eines

Bündnisses und damit verbundener Zusicherung von Siedlungsraum in Westpannonien Einhalt geboten werden. Die von den Markomannen hervorgebrachte Kampfkraft, welche sich gerade bei der Durchbrechung der Grenzlinie an der Donau als höchst effizient erwies, kam dem römischen Heer dadurch zugute, dass man *einen tribunus gentis Marcomannorum* zum Oberbefehlshaber der germanischen Truppen bestellte. Dieser besaß alle Rechte des traditionellen römischen Militärs und galt bei Legionen und Reitertruppen in gleichem Maße als anerkannte Persönlichkeit.[41]

Im 5. Jh. n. Chr. trat mit den Hunnen eine neue Kriegspartei auf dem europäischen Spielfeld in Erscheinung, welche aufgrund ihrer kriegerischen Überlegenheit für kurze Zeit die pannonischen Provinzen in ihren Besitz bringen konnte. Das provinziale Leben blieb durch den Hunneneinfall über weite Strecken unbeeinträchtigt, was in Teilen auf das politische Verhandlungsgeschick West- und Ostroms zurückzuführen war.[42] Nachdem die hunnische Herrschaft in der Schlacht auf den Katalaunischen Feldern (455 n. Chr.) erfolgreich zerschlagen worden war, fand das zuvor etablierte *foedus*-System wieder seine Fortsetzung. Ab nun avancierten auch bisher kaum in Erscheinung getretene Stämme wie etwa die Rugier zu neuen Bündnispartnern des Römischen Reichs.[43] In *Noricum ripense* gab es in der zweiten Hälfte des 5. Jh. n. Chr. kaum kriegerische Auseinandersetzungen, weshalb die romanische Bevölkerung ein relativ ruhiges Leben mit allen damit verbundenen Aktivitäten führen konnte. In *Noricum mediterraneum* herrschte hingegen eine vollkommen andere Situation vor, da diese Provinz für zahlreiche osteuropäische Volksstämme als Durchzugsregion diente. Unter diesen ethnischen Gruppen befanden sich auch immer wieder solche, denen der Sinn weniger nach Bündnissen stand und die sich ihren Lebensunterhalt durch ausgedehnte Raub- und Plünderungszüge verdingten. Für die Verteidigung der beiden norischen Provinzen zeichnete in der zweiten Hälfte des 5. Jh. n. Chr. schon längst nicht mehr das Militär verantwortlich; diese Aufgabe war vielmehr in die Hände der christlichen Zivilbevölkerung übergegangen.

Das Auftreten so mancher Märtyrer, unter denen der Heilige Severin für die norische Provinz mit Sicherheit die größte Bedeutung besaß, verstärkte zeitweise den Verteidigungswillen der romanischen Bevölkerung. Dadurch konnte letztendlich der Rückzug der römischen Kultur in den südlich an die Alpen angrenzenden Raum um einige Dekaden hinausgezögert werden.[44] Der für die weitere historische Entwicklung Europas so maßgebliche Abzug der Römer fand auf Geheiß des Germanenfürsten Odoaker unmittelbar nach dem Tod Severins statt. Unter der Leitung des *comes Pierius* (Gefährte Pierius) stand den Auswanderungswilligen in Italien eine neue Heimat zur Verfügung. Jene christlich-romanischen Familienverbände, welche die ehemaligen ostalpinen Provinzen nicht verlassen wollten, wurden von den Germanen unter Führung eines bescheidenen Lebensstils geduldet.[45]

2

Römische Befestigungsbauten: ein Überblick

2.1 Das römische Limeskastell und seine historische Entwicklung

In der frühen und mittleren Kaiserzeit besaß Rom noch eine stattliche Anzahl an Legionen. Aufgrund dieses Umstandes erfolgte der Schutz der nördlichen Grenzlinie in dieser Ära noch durch die Errichtung von Lageranlagen, welche permanent mit Truppenkörpern besetzt waren. Der historische Ursprung des römischen Militärlagers (lat. *castra, -orum*), das ein bedeutendes Element des damaligen Heerwesens darstellte, lässt sich gegenwärtig leider nicht mehr exakt eruieren. Bei Frontinus (strat. 4,1,14) wird der epirische König Pyrrhos als Urheber der geordneten Militäranlage bezeichnet. Die beiden Historiografen Plutarch (Pyrrhos 16) und Livius (31,34,8) weisen in ihren Schriften darauf hin, dass sowohl Pyrrhos als auch Philipp V. als große Bewunderer der römischen Kastelle und der darin zum Vorschein tretenden vorbildlichen Organisation galten. Heute ist wohl von der Annahme auszugehen, dass die Evolution der römischen *castra* unter wesentlichem Einfluss der Etrusker auf der einen Seite und des hellenischen Kulturkreises auf der anderen stand.[46]

Als evolutive Vorstufe des Limeskastells ist das einfache republikanische Feldlager anzusehen, dessen idealer Aufbau bei Polybios (6,27-32) seine umfangreiche Beschreibung findet. Die vom griechischstämmigen Geschichtsschreiber zur Darstellung gebrachte Lagerform bot dem gesamten *exercitum consularis*, welches sich aus zwei *legiones* und zwei *alae sociorum* zusammensetzte, Platz. Damit lag eine Unterbringung für insgesamt 18.600 Soldaten vor. Die Anlage besaß einen

Grundriss von 600 x 600 m, wobei jene Lagerseite, welche sich für die Zufuhr von Gütern und die Versorgung mit Wasser als am geeignetsten erwies, zur Front auserkoren wurde (Polyb. 6,27,3). An jeder Lagerseite wurde ein eigenes Tor errichtet, wobei die Verbindung zwischen linkem und rechtem Portal durch die *via principalis*, jene zwischen oberem und unterem Portal hingegen durch die *via praetoria* erfolgte. Im Schnittpunkt der beiden das Lager durchziehenden Hauptstraßen war das sogenannte *praetorium* oder Feldherrnzelt positioniert, an welches sich linkerhand das *forum* (zentraler Platz) und rechterhand das *quaestorium* (Schatzkammer) anfügten. Den Abschluss jener im Lagerzentrum befindliche Gebäudereihe bildeten die Unterkünfte der *equites et pedites extraordinarii* (teilberittene Leibgarde). Die Behausungen der zwölf Legionstribunen, von denen jeweils sechs einer einzelnen Legion zugehörig waren, lagen vor den Leibgardeunterkünften unmittelbar entlang der *via principalis*. Hinter den Einrichtungen für die Führungsoffiziere und Leibgarden erstreckte sich der Standort für Hilfstruppen aller Art, wohingegen auf der gegenüberliegenden Seite der *via principalis* die Unterkünfte der Legionssoldaten und der Verbündeten angetroffen werden konnten.[47]

Zwischen den oben genannten Unterbringungen auf der einen Seite und dem Lagerwall auf der anderen lag das sogenannte *intervallum*, bei dem es sich um einen etwa 60 m breiten Leerraum handelte, welcher den Soldaten bei einem Angriff durch feindliche Scharen eine erhöhte Bewegungsfreiheit gestattete. Die Einziehung des *intervallum* besaß zudem den signifikanten Vorteil, dass die Unterkünfte außer Reichweite für Wurfgeschosse aller Art gerieten. Auch die mitgeführten Nutztiere wurden im Angriffsfall ins Lagerzentrum zusammengetrieben, wodurch sie weitgehend vor größerem Schaden bewahrt blieben (→ Abb. 3).[48]

In der späten Phase der Römischen Republik und in der Ära des Augustus kam es zu immer stärkeren Abweichungen vom oben dargelegten Normschema des Militärlagers. Dieser Umstand gelangte beispielsweise dadurch zum Ausdruck, dass man in einzelnen Fällen die starre quadratische oder rechteckige Grundrissform aufgab und darüber hinaus massivere Befestigungen errichtete. Mit der zuletzt genannten

Maßnahme wollte man den *castra* mehr Dauerhaftigkeit verleihen. Im weiteren Verlauf der Kaiserzeit lenkte man seine Aufmerksamkeit vor allem auf eine möglichst straffe Organisation der Lagerarchitektur. Dabei wurden die geografischen Spezifitäten des ausgewählten Standortes nicht selten zum eigenen Vorteil genutzt.

3 | Ideales, vom Geschichtsschreiber Polybios dargelegtes Militärlager mit vier Portalen, zwei Hauptstraßen und entsprechender interner Organisation der Gebäude. Zwischen Unterbringungen und Lagerwall befand sich das *intervallum*, welches im Falle eines feindlichen Angriffs zahlreiche Vorteile brachte.

Wie bereits im vorigen Kapitel angeklungen war, zeichnete sich der Übergang vom Prinzipat zum Dominat am Ende des 3. Jh. n. Chr. durch grundlegende Veränderungen des Heerwesens aus. Diese wirkten sich letztendlich auch auf die Organisation und den Aufbau der Militärkastelle aus. In der Ära der späten Kaiserzeit zielte man freilich nicht mehr darauf ab, traditionell überlieferte Organisationsschemata zu verwenden; vielmehr gelangten individuellere Grundmodelle für die Struktur der *castra* zu Nutzung. Mit diesem Umdenken verfolgte man primär das Ziel, den für das militärische Bauwerk auserkorenen Standort der bestmöglichen strategischen Nutzung zu unterziehen. Zudem führte man vermehrt festungsartige Bauweisen der Lager mit robusten Steinmauern und Wachttürmen ein.[49]

Für den Donaulimes, welcher die germanischen Volksstämme vom Römischen Reich abtrennte, gerieten in der frühen Kaiserzeit noch feste Garnisonen mit entsprechenden dauerhaften Standorten zum Mittel der Wahl, weil es nur so möglich war, Übergriffe von feindlichen Heerscharen effizient und nachhaltig zu bewältigen (vgl. Kapitel 1). Derartige permanent besetzte Lager waren anfangs noch als sogenannte Holz-Erde-Kastelle konzipiert, welche lediglich über eine aus Erdwällen bestehende Befestigung verfügten. Diese *castra* wurden je nach Nutzung und feindlicher Beanspruchung alle 20 bis 30 Jahre erneuert. Während die *principia* und die Unterbringung des Lagerkommandanten aus Stein gefertigt wurden, wodurch ihr repräsentativer Charakter gewahrt werden konnte, erfolgte die Errichtung der Offiziers- und Soldatenunterkünfte sowie der einzelnen Lagergebäude in Holzbauweise. Der Übergang vom Holz-Erde-Lager zum Stein-Kastell, welcher aufgrund verschiedenster politischer und militärischer Ereignisse in Gang gesetzt worden war, geschah zumeist fließend, wobei die Holz- und Erdbauten in der Reihenfolge ihrer Wichtigkeit kontinuierlich durch entsprechende Steinbauten ersetzt wurden. Bei etlichen *castra* erfolgte diese Transformation innerhalb einiger Jahrzehnte, während andere bis zu ihrer Aufgabe oder Zerstörung als Mischformen weiterexistierten.[50]

In der Ära der Soldatenkaiser erfuhr das römische Limeskastell nochmals eine tiefgreifende Modifikation. Die Steinbauweise wurde in dieser Phase zum obligatorischen Bautypus der Lager erhoben, wobei der Errichtung der Befestigungsmauern eine überdurchschnittliche Aufmerksamkeit entgegengebracht wurde. Dieser Umstand hatte nicht selten die Entwicklung eines Kastellhabitus zur Folge, welcher einen Vergleich mit mittelalterlichen Burgen nicht zu scheuen braucht. Als weitere Besonderheit der Zeit ist die Errichtung von fächer- und U-förmigen Wachttürmen zu konstatieren. Ein erstmaliges Auftreten dieser imposanten Bauwerke ist für die beiden Donauprovinzen Mösien und Dakien bezeugt. Spätantike Kastelle verfügten in ihrer überwiegenden Mehrheit nicht mehr über vier Tore, sondern besaßen lediglich einen einzelnen Zugang, welcher in strategischer Hinsicht auch manchmal einen Nachteil bedeuten konnte. Für die Planung der Anlagen zeichneten in erster Linie die befehlshabenden Offiziere verantwortlich, wodurch jedes Lager letztlich eine gewisse Individualität zu entwickeln vermochte. Das oben beschriebene *intervallum*, welches den frühen *castra* einen nicht unerheblichen strategischen Vorteil bot, fiel häufig dem durch die dichte Bebauung mit hohen Gebäuden entstehenden Platzmangel zum Opfer.[51]

Das Ende des dauerhaften römischen Militärlagers, das entlang des Donaulimes positioniert war, darf keineswegs als einheitlich angesehen werden. Neben zahlreichen Anlagen, welche im Zuge des spätantiken Germanensturms vernichtet wurden, gab es auch so manche *castra*, die den Zerfall des Weströmischen Reiches relativ unbeschadet überstanden. Gerade diese Bauwerke aber wurden im Mittelalter nicht selten das Ziel eines ausgedehnten Steinraubes, wobei die Steinblöcke verschiedener Lagerbauten vielerorts für die Errichtung sakraler Monumente zur Nutzung gelangten. Alte Kastellmauern und Wachttürme konnten diesem Schicksal nur dann entgehen, wenn sie sich ohne größeren Aufwand in die mittelalterliche Stadtmauer integrieren ließen.

2.2 Der Burgus und seine Bedeutung als spätantikes Befestigungsbauwerk

Der lateinische Begriff *burgus* (Pl. *burgi*) lässt sich nach eingehender etymologischer Untersuchung vom griechischen πύργος für Turm oder Befestigung ableiten und stammt nicht, wie früher vermutet, vom germanischen Wortstamm *burg-* (gotisch: *baurgs*, theodisch: *burc*) für eine befestigte Siedlung ab.[52] Der Militärhistoriker Flavius Vegetius Renatus (mil. 4,10) beschreibt den Burgus als „ganz kleines Kastell", welches eine Art detachiertes Fort in der Nähe größerer Festungen repräsentiert. Wie uns Vegetius in weiterer Folge wissen lässt, bestand die Hauptfunktion des Wachtturmes natürlich in der Überwachung der Grenzlinie. Zudem war die in dem Verteidigungsbau untergebrachte Mannschaft zum Schutz jener Quellen verpflichtet, welche sich außerhalb der Mauern einer Stadt befanden und als unverzichtbar für die Versorgung der Bevölkerung mit Trinkwasser galten.[53]

Entlang der Außengrenze des Römischen Reiches wurden entsprechende Wachttürme in regelmäßigen Abständen errichtet, so dass die Zwischenräume zwischen den großen, im 4. Jh. n. Chr. noch verbliebenen Militärkastellen ihre systematische Ausfüllung erfuhren und ein Durchbrechen des Limes durch kleinere feindliche Raubscharen verhindert werden konnte. Kaiser Iustinianus (527-565 n. Chr.) ließ nach der Rückeroberung der Provinz *Africa* von den Vandalen einen Limes errichten, das aus einer Vielzahl an Kleinkastellen bestand. Diese Bauten hatten sich nämlich in früheren Zeiten bei vielerlei Gelegenheiten als sehr zweckmäßig erwiesen. Die Burgi konnten innerhalb kürzester Zeit – in den Quellen ist hier mitunter von 48 Tagen die Rede – hochgezogen werden und verzeichneten im Vergleich zu Großbauten einen wesentlich geringeren Bedarf an Baumaterial (→ Abb. 4).[54]

Unter Kaiser Valentinianus I. kam den Burgi erstmale eine erhöhte strategische Bedeutung zu. Im Jahre 369 n. Chr. wurde vom Regenten ein umfassendes Festungsbauprogramm ins Leben gerufen, welches insbesondere die Errichtung von mehrstöckigen rechteckigen Wachttürmen sowie von Getreidespeichern für die noch an der Grenze stationierten Soldaten zum Ziel hatte. Längst schon reichte die Anzahl der römischen Kämpfer nicht mehr zur Unterhaltung größerer Legionslager, wie sie in der frühen und mittleren Kaiserzeit noch gang und gäbe waren, aus. Vom historischen und archäologischen Standpunkt aus ist das turmförmige Kleinkastell keinesfalls als eigenständige Entwicklung anzusehen; vielmehr leitet es sich aller Wahrscheinlichkeit nach vom mittelkaiserzeitlichen Limesturm ab. Im Laufe der Jahrhunderte erfuhr der Habitus dieses Bauwerkes eine kontinuierliche Veränderung, wo-

4| Zeichnung eines typischen römischen Burgus mit seinem quadratischen Grundriss und dem mehrstöckigen Aufbau. Für das mit Zeltdach und Holzumgang in der obersten Etage ausgestattete Bauwerk war eine im Vergleich zu herkömmlichen Kastellen deutlich reduzierte Errichtungszeit aufzuwenden. Zudem konnte der Bedarf an Baumaterial oftmals auf ein Minimum reduziert werden. Der Burgus war standardgemäß von einem Holzwall umgeben.

bei dessen Größe eine fortwährende Zunahme erfuhr und darüber hinaus nicht selten eine Außenbefestigung in Form eines Walls, einer Mauer oder einer Palisade in das Baukonzept mitaufgenommen wurde (→ Abb. 4). Ab der Mitte des 5. Jh. n. Chr. verlor der Burgus wieder sukzessive an militärischer Bedeutung. Zu diesem Zeitpunkt war bereits ein Großteil der Befestigungsbauten infolge des wachsenden Drucks durch äußere Aggressoren aufgegeben oder zerstört worden.[55] Einzelne römische Wachttürme lassen sich nicht nur in Hinblick auf ihre Bauweise und Befestigung, sondern auch in Bezug auf ihre Position differenzieren. Neben jenen Burgi, welche entlang von Flussgrenzen errichtet worden waren und im Zusammenhang mit der norischen Provinz eine übergeordnete Bedeutung besitzen, gab es noch sogenannte Straßenburgi, die ihrem Namen gemäß entlang strategisch wichtiger Verkehrswege erbaut wurden. Diese besaßen freilich nicht nur eine Überwachungsfunktion, sondern dienten auch einer schnellen, von Turm zu Turm ablaufenden Nachrichtenübermittlung, welche im Falle eines feindlichen Aufmarsches zur Mobilmachung römischer Reiterverbände notwendig wurde. Die in den Straßenburgi untergebrachte Besatzung übernahm nicht nur soldatische, sondern auch polizeiliche Funktionen, wobei einerseits für einen geordneten Güterverkehr auf den Verkehrwegen und andererseits für eine Aufrechterhaltung des Friedens in den nahegelegenen Siedlungen gesorgt werden musste. Gemäß dem frühchristlichen Kleriker Isidorus von Sevilla (or. 9,4) handelte es sich bei den Wachsoldaten um die sogenannten *burgarii*, welche in der späten Kaiserzeit in erhöhtem Maße aus der peregrinen Bevölkerung rekrutiert wurden und demzufolge über gar keine militärische Ausbildung mehr verfügten.[56] Wie uns Isidorus weiter mitteilt, wurde das Wachpersonal in der gallischen Provinz vorwiegend aus den ansässigen, mit den lokalen Gepflogenheiten vertrauten Volksstämmen ausgewählt. Dabei kam den Menschen eine sklavische oder zumindest sklavenähnliche Stellung zu. Die gallischen *burgarii* mussten nicht nur ihrer überwachenden Tätigkeit nachgehen, sondern bestellten auch die umliegenden Ländereien, wodurch sie in nicht unwesentlichem Maße an der Nahrungsversorgung der römischen Truppen teilhatten. Hier lag demzufolge das klassische Modell eines spätantiken Wehrbauerntums vor.[57]

Unter jenen Wachttürmen, welche entlang von Flussgrenzen zur Errichtung gelangten, gab es eine spezielle, in der archäologischen Fachliteratur als „Ländeburgus" bezeichnete Bauform. Dieses hochspezialisierte Kleinkastell zeichnete sich dadurch aus, dass es unmittelbar am Ufer des betreffenden Fließgewässers positioniert war und zudem eine Umfriedung mit einer sich zum Fluss hin öffnenden Zinnenmauer besaß. Durch diese Baustruktur bot sich den römischen Frachtschiffen und Flusspatrouillenbooten eine geschützte Anlegestelle, welche unter der direkten Obhut der *burgarii* stand.[58]

Für den im heutigen Österreich verlaufenden Donaulimes konnte bislang keine Relikte von Ländeburgi nachgewiesen werden. Ganz anders sieht die Situation auf deutschem Staatsgebiet aus, wo schon eine Vielzahl an solchen Bauwerken zur Dokumentation gelangte. Hier sind exemplarische die Wachttürme in Ladenburg am Neckar (*Nicarus*) und an der Weschnitzmündung sowie die Kleinfestung in Trebur-Astheim an der Schwarzbachmündung in den Rhein und der rechtsrheinische Ländeburgus in Neckarau zu nennen. Auch im nordungarischen Anteil der pannonischen Provinz tritt eine Akkumulation dieser spezifischen Bausubstanz auf, wobei dem Donauburgus von Szob eine besondere Erwähnung gebührt. Dieser Befestigungsbau war entweder unter Constantius II. oder Valentinianus I. entstanden. Er zeigt zudem ganz deutlich, dass zahlreiche Burgi keineswegs aus echtem Quadermauerwerk errichtet wurden, sondern ein simpleres Bruchsteinmauerwerk besaßen, das durch Verwendung von weißem Putz und roter Farbe die höherwertige Ashlar-Bauweise imitieren sollte.[59]

Baudenkmäler von Schlögen bis Enns/Lorch

3.1 Das römische Kleinkastell in Oberranna in der Nähe von Engelhartszell

Die kleine Ortschaft Oberranna befindet sich etwa 11 km von der Gemeinde Schlögen entfernt und lässt sich von Engelhartszell aus nach kurzer Fahrt erreichen. In diesem Bereich verfügt das Donautal über eine für die Region eher außergewöhnliche Breite, welche durch die Anlage von ausgedehnten Niederterrassen noch zusätzlich an Akzentuierung gewinnt. Auf der linken Uferseite mündet der namensgebende Fluss Ranna in den großen Strom. Anhand archäologischer Grabungen am rechten Donauufer konnte festgestellt werden, dass gegenüber der Rannamündung ein römisches Kleinkastell positioniert gewesen sein muss, dessen wesentliche Aufgaben in der Aufspürung feindlicher Aktivitäten am gegenüberliegenden Flussufer und in der Alarmierung entsprechender Hilfstruppen im drohenden Falle des Flussübertritts bestanden.[60]

Das Kleinkastell liegt gegenwärtig bedauerlicherweise nur mehr in Form spärlicher Baureste vor. Bei der Begehung des ehemaligen Lagergeländes kann lediglich noch ein Fragment der Südwestmauer angetroffen werden. Dieses aufgehende Mauerwerk konnte im Laufe der Jahrhunderte einer nachhaltigen Konservierung unterzogen werden und bietet der modernen archäologischen Forschung etliche Anhaltspunkte zur ursprünglichen Gestalt des Lagers. Demzufolge war das militärische Bauwerk durch die eher bescheiden anmutenden Innenmaße von 12,5 x 17 m gekennzeichnet, wobei an den Ecken Rundtürme mit einem Durchmesser von jeweils 5 m errichtet wurden. Im südwestlichen Lagerturm befand sich den archäologischen Spuren zufolge ein Bad, welches mithilfe eines eigens geschaffenen Hypokaustums beheizt werden konnte. Dadurch wurde der im Lager stationierten Mannschaft ein zumindest geringfügig erhöhter Lebensstandard geboten. Der nördliche Lagerbereich liegt gegenwärtig unter dem Haus des Grundbesitzers, wobei der Nordwestturm in einer Kellermauer aufgegangen ist (→ Abb. 5).[61]

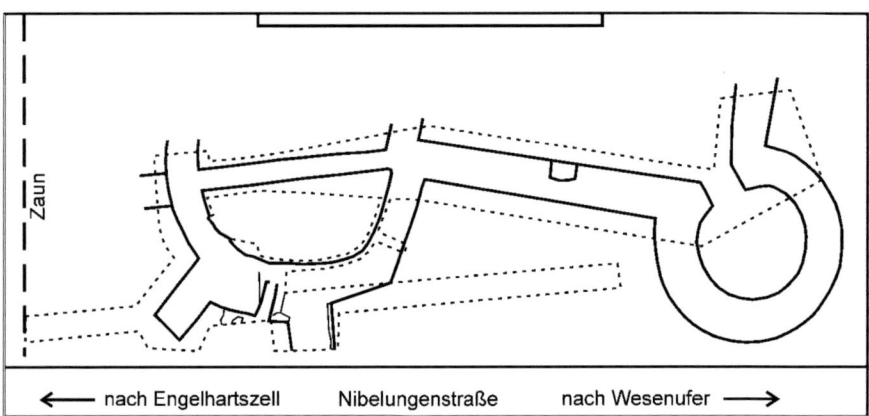

← nach Engelhartszell   Nibelungenstraße   nach Wesenufer →

5 | Auf modernen archäologischen Erkenntnissen beruhender Grundriss des Kleinkastells von Oberranna zwischen Engelhartszell und Schlögen. Im südwestlichen Lagerturm befand sich ein den Soldaten zur Erholung dienendes Bad.

Als heute noch weitgehend ungeklärt gelten jene Fragen hinsichtlich der antiken Bezeichnung des Kleinkastells und der Dauer von dessen militärischer Nutzung. Der in Verbindung mit Oberranna stehende Terminus *Stonacum* darf noch keineswegs als gesichert angesehen werden, scheint sich jedoch immer mehr zu erhärten. Die Errichtung des Kastells erfolgte aller Wahrscheinlichkeit nach in der zweiten Hälfte des 2. Jh. n. Chr. und hier wiederum in der Regierungszeit des Kaisers Marcus Aurelius (Kapitel 1). Trotzdem uns heute eindeutige Information zum weiteren Fortbestehen des Militärlagers fehlt, ist davon auszugehen, dass dieses bis zum Ende des 5. Jh. n. Chr. erhalten blieb und auch weitestgehend seinen strategischen und militärischen Zweck zu erfüllen vermochte.[62]

3.2 Die römische Festung in Schlögen

Die an den berühmten Donauschlingen gelegene Ortschaft Schlögen ist Bestandteil einer einzigartigen Flusslandschaft, welche hinsichtlich ihrer Ästhetik mit der Wachau in Niederösterreich vergleichbar ist. In der Antike wurden die Schlögener Schlingen als eine gefährliche Engstelle betrachtet, der zahlreiche römische Schiffe zum Opfer fielen. Die Römer nutzten die geografische Besonderheit des Gebietes geschickt für sich selbst, indem sie auf der Niederterrasse zwischen dem heutigen Adelsbach und Mühlbach ein Kleinkastell errichteten.[63]

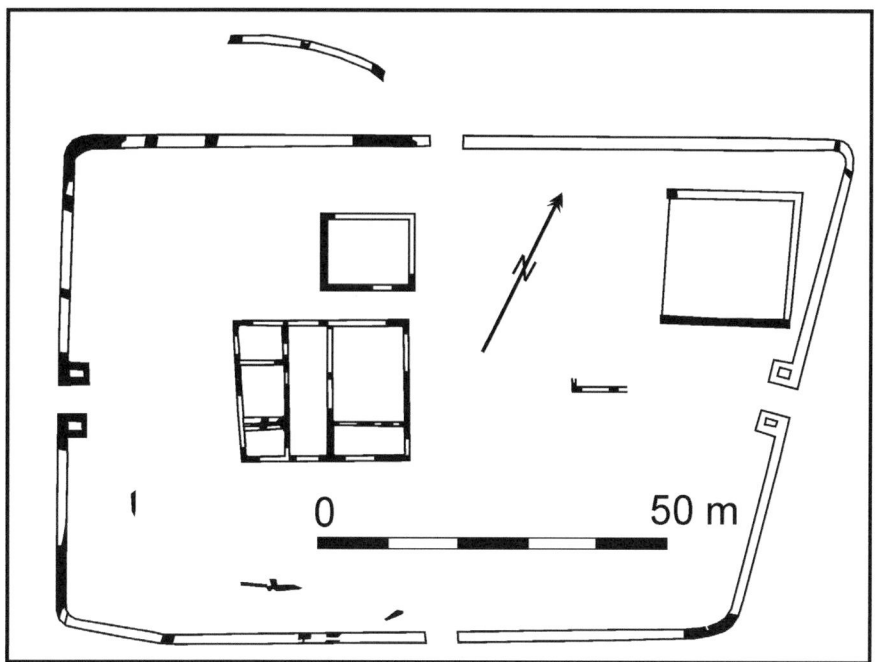

6 | Grundriss des Militärlagers von Schlögen mit seinen beiden Haupttoren im Osten und Westen.

Das Militärkastell besaß modernen Forschungen zufolge eine Grundfläche von 0,65 ha und übertraf damit die zuvor beschriebene Anlage in Oberranna um ein Vielfaches an Größe. Das Bauwerk lässt sich mit einiger Sicherheit in die Mitte des 2. Jh. n. Chr. datieren und wies eine trapezförmige Ummauerung auf, deren längste Seite exakt parallel zur Donau verlief. Die Begrenzung der westlichen Lagerfront erfolgte durch den bereits erwähnten Adelsbach. In Analogie zu zahlreichen anderen Bauwerken des Donaulimes im westlichen *Noricum* sind auch bei diesem einst recht imposanten Kastell nur vereinzelte kleinere Fragmente erhalten geblieben. So konnten beispielsweise die Grundfesten des Westtores, welche sich gegenwärtig auf dem Grundstück eines Hotels befinden, nachhaltig konserviert werden (→ Abb. 6).[64]

Die römische Besiedlung von Schlögen bestand keineswegs nur aus militärischem Personal, sondern schloss auch einen nicht unwesentlichen Anteil an Zivilbevölkerung mit ein. Davon zeugt ein auf dem sogenannten Hochgupf westlich des Kastells errichteter *vicus* (Zivildorf), welcher sich flächenmäßig nur wenig vom Lager abhob, jedoch über gut ausgebaute Handelsverbindungen mit dem südöstlich gelegenen Eferdinger Becken verfügte. In diesem wurde seit Beginn der Romanisierung ein erhöhtes Maß an Feldbau betrieben.[65]

Das Militärkastell von Schlögen besaß in römischer Zeit die Bezeichnung *Ioviacum*, wobei dieser Stützpunkt sowohl in der *Notitia dignitatum* (Occ. XXXIV,37) als auch im *Itinerarium Antonini* (249,1) und in der *Vita Sancti Severini* des Eugippius seine Erwähnung findet. Problematisch erscheint dagegen die Festlegung eines Zeitraums der militärischen beziehungsweise zivilen Präsenz in diesem Donauabschnitt. Die Archäologie geht gegenwärtig davon aus, dass das Kastell erst am Ende des 5. Jh. n. Chr. von den Römern aufgegeben wurde, da man zu diesem Zeitpunkt dem Expansionsdruck der Germanen nichts mehr entgegenzusetzen vermochte.[66]

3.3 Der Wachtturm in Kobling/Rossgraben

Unweit von Schlögen verläuft der sogenannte Rossgraben bei Kobling, welcher in antiker Zeit zum Teil unterhalb der heutigen Wasserlinie gelegen war und in den nachantiken Zeitaltern allmählich in Vergessenheit geriet. Die Archäologie konnte hier einen römischen Wachtturm freilegen, dessen hauptsächliche Aufgabe darin bestand, Anzeichen von feindlichen Bewegungen auf der gegenüberliegenden Donauseite an das Kleinkastell von Schlögen und den Turm in Kobling/See weiterzuleiten. Die geografische Lage des Burgus im Rossgraben stellte sich für die Römer als essenzieller strategischer Vorteil heraus, da sich den Wachsoldaten ein ungehinderter Blick auf das Tal der Kleinen Mühl bot, welches den Germanen als Zugang in Richtung Donau diente. Über den Wachtturm im Rossgraben besitzt man gegenwärtig nur bruchstückhafte Kenntnisse. Jene bei archäologischen Grabungen freigelegten Überreste der Bausubstanz wurden durch Baggerarbeiten, welche im Zuge der Erbauung des Kraftwerkes Aschach im Jahre 1962 getätigt worden waren, zerstört. Der Burgus verfügte über einen quadratischen Grundriss mit einer Seitenlänge von jeweils 8 m und war in zwei für unterschiedliche Zwecke genutzte Kammern unterteilt. Die Mauerstärke der 1,58 m tiefen Fundamente belief sich auf etwa 1,25 m. Bereits im Jahre 1798 geriet die römische Bausubstanz erstmals in den Fokus der Aufmerksamkeit, und exakt 40 Jahre später kam es zur Freilegung und Dokumentation der Gebäudereste. Der Burgus wurde vermutlich von der mittleren Kaiserzeit bis zur Spätantike (170-400 n. Chr.) genutzt, wobei hier jedoch aufgrund des Fehlens entsprechender Quellen keine genaueren Angaben gemacht werden können.[67]

3.4 Der Wachtturm in Kobling/See

Am südlichsten Punkt der letzten Biegung der Donauschlingen von Schlögen befand sich der archäologischen Forschung zufolge ein weiterer Burgus, welcher im ständigen Signalkontakt mit dem weiter nördlich gelegenen Wachtturm im Rossgraben stand. Das Befestigungsgebäude zeigte in Bezug auf seine Struktur bemerkenswerte Ähnlichkeiten mit jenem zuvor beschriebenen Objekt. Durch die Aufstauung der Donau am Kraftwerk Aschach, welches in den 1960er Jahren zum Zweck der regionalen Elektrizitätserzeugung errichtet worden war, kam es zur dauerhaften Überflutung der Fundstelle, die seitdem für weiterführende archäologische Untersuchungen leider nicht mehr zur Verfügung steht. Über den Burgus von Kobling/See ist heute ebenso wenig bekannt wie über den Schwesterturm im Rossgraben. Man vertritt jedoch die Auffassung, dass die Besatzungszeit beider Burgi etwa gleich lange gedauert haben dürfte. Die Forschung geht heute davon aus, dass das Wachpersonal für die Befestigungsanlage vom weiter westlich gelegenen Militärlager in Schlögen zur Verfügung gestellt wurde.[68]

3.5 Militärische und zivile Niederlassungen in Eferding

Die oberösterreichische Gemeinde Eferding befindet sich in einer fruchtbaren, entlang der Donau verlaufenden Beckenlandschaft, welche seit jeher als bedeutende Korn- und Gemüsekammer der Region gilt. Der landwirtschaftliche Nutzen der Gegend war mit hoher Sicherheit auch schon den Römern bekannt, weshalb sie dort eine Zivilsiedlung und mit einiger Wahrscheinlichkeit auch ein Kleinkastell errichteten. Die Militäranlage kann gegenwärtig trotz zahlreicher Funde nicht mehr exakt lokalisiert werden, was in erster Linie auf die mittelalterlichen Aktivitäten in diesem Gebiet und die damit verbundene Zerstörung jeglicher antiker Bausubstanz zurückzuführen ist. Die zivile Besiedlung ist unter anderem durch einzelne Gräberfelder bezeugt, die im Bereich des heutigen Hauptplatzes und des evangelischen Friedhofes von Eferding freigelegt werden konnten.[69]

Die im Zusammenhang mit militärischer Aktivität stehenden Fundstücke sind gegenwärtig größtenteils im Eferdinger Stadtmuseum beziehungsweise in einem eigens eingerichteten Bereich des Pfarrhofes archiviert. Auf Basis dieser Objekte lässt sich die Vermutung äußern, dass die römische Besatzung in dieser Gegend im Zeitraum vom 1. Jh. n. Chr. bis zum 5. Jh. n. Chr. stattfand. Eine erstmalige archäologische Aufnahme des Gebietes wurde zwar bereits im 19. Jh. durchgeführt, eine Rekonstruktion des Militärlagers gelang jedoch erst in den 1920er Jahren. Etwa 40 Jahre später fanden diese Untersuchungen bezüglich der Struktur und Gestalt des Kastells durch systematische archäologische Grabungen ihre weitgehende Bestätigung.

Die im Militärlager von Eferding stationierten Truppenkörper können heute leider nicht mehr sicher benannt werden. Einige Ziegelfunde deuten jedoch darauf hin, dass der Standort möglicherweise in Verbindung mit der bekannten *legio II Italica* stand, welche hier zumindest zeitweilig ihr Quartier aufgeschlagen haben dürfte. Die lateinische Bezeichnung des Kastells ist gegenwärtig ebenfalls noch nicht zweifelsfrei geklärt. Während das Lager laut *Notitia dignitatum* (XXXIV,31) am ehesten mit dem Namen *Ad Mauros* in Zusammenhang gebracht werden kann, kommt gemäß *Tabula Peutingeriana* (IV) auch der Terminus *Marinianio* in Betracht. Das bereits für Schlögen angedachte *Ioviacum* steht ebenfalls zur Debatte.[70]

3.6 Die römische Ziegelei in Wilhering

Innerhalb der militärischen Infrastruktur des Römischen Reichs stellten Ziegeleien zweifelsohne eine wichtige Komponente dar, weil sie die Baustoffe für Kastelle und Wachttürme bereitstellten. Exemplarisch soll hier eine ehemalige römische Ziegelproduktion am westlichen Rand des Eferdinger Beckens, etwa 10 km südwestlich der Ortschaft Wilhering, etwas näher betrachtet werden. Diese Gegend zeichnete sich in der damaligen Zeit durch das Vorhandensein von üppigen Lehmböden aus, welche für die Herstellung des benötigten Baumaterials sehr gut geeignet waren. Zudem war die Ziegelei mit ihren Transportwegen sehr gut in das römische Verkehrsnetz eingebunden.[71]

In den Jahren 1934 und 1935 konnten bei gezielten archäologischen Grabungen in der Nähe von Edramsberg zwei Ziegelöfen freigelegt werden. Dem Grabungsbefund zufolge standen die beiden Anlagen wahrscheinlich lediglich in der zweiten Hälfte des 4. Jh. n. Chr. in Betrieb. Die in den Öfen erzeugten Materialien wurden leider nicht mit entsprechenden Insignien versehen, wie dies bei militäreigenen Produktionen der Fall war, so dass die Vertriebswege nicht mehr rekonstruiert werden können. Natürlich liegt die Vermutung nahe, dass das in der Nähe gelegene Militärlager von Eferding als Hauptabnehmer der Produkte fungierte.[72]

3.7 Der römische Wachtturm am Hirschleitenbach

Eine archäologische Fundstelle, welche in Bezug auf ihre Konservierung und Sehenswürdigkeit besonders hervorzuheben ist, befindet sich zwischen der kleinen, bereits zuvor angesprochenen Ortschaft Wilhering und der weiter stromabwärts liegenden Linzer Pforte. Ähnlich wie in Schlögen zeichnet sich auch dieser Donauabschnitt durch eine spezifische Geomorphologie aus, welche durch eine infolge der vermehrten Südausdehnung des Böhmischen Granit- und Gneishochlandes erzeugten Engstelle entsteht. Da am Südufer der Donau Urgesteinsuntergrund angetroffen werden kann, ergab sich für die Römer eine aus bautechnischer Sicht einzigartige Gelegenheit für die Errichtung eines Wachtturmes auf einem Felssporn im Kühnberger Wald östlich des sogenannten Hirschleitenbaches. Die strategische Position der kleinen Militäranlage kann noch heute als herausragend bewertet werden, da sich die Landschaft wegen des steil zur Donau abfallenden Geländes („Wäscheneck") sehr gut überschauen lässt, so dass von Norden her anrollende Feinde rasch erkannt werden können.[73]

Der Burgus am Hirschleitenbach ist gegenwärtig noch in seinen Grundfesten erhalten und maß in seiner ursprünglichen Version, welche höchstwahrscheinlich in das 3. Jh. n. Chr. gestellt werden kann, gerade einmal 6 x 6 m im Grundriss. In der Spätantike wurde seine Grundfläche jedoch auf annähernd 10 x 10 m erweitert (→ Abb. 7). Gemäß einer relativ modernen archäologischen Rekonstruktion, welche auf einer Informationstafel direkt neben dem Burgus ausgestellt ist, handelte es sich bei dem militärischen Bauwerk vermutlich um eine zweigeschossige Struktur, die von der Südseite her betreten werden konnte und darüber hinaus von einem breiten Wall und einem Graben zur zusätzlichen Sicherung umgeben war. An der Südflanke des Turmes befand sich laut archäologischer Forschung eine Feuerstelle, welche vermutlich zur Herstellung des Baumaterials für den Turm genutzt wurde.[74]

Die Fundstelle, welche auf herausragende Art und Weise die Bauaktivität der Römer entlang des norischen Donaulimes unterstreicht, wurde in den 1990er Jahren einer umfangreichen Konservierung unterzogen und steht mittlerweile unter Denkmalschutz. Die archäologische Forschung geht im Allgemeinen davon aus, dass der Burgus noch einige Zeit nach der zweiten Bauphase seine intensive Verwendung fand, jedoch schließlich am Ende des 5. Jh. n. Chr. aufgegeben werden musste.[75]

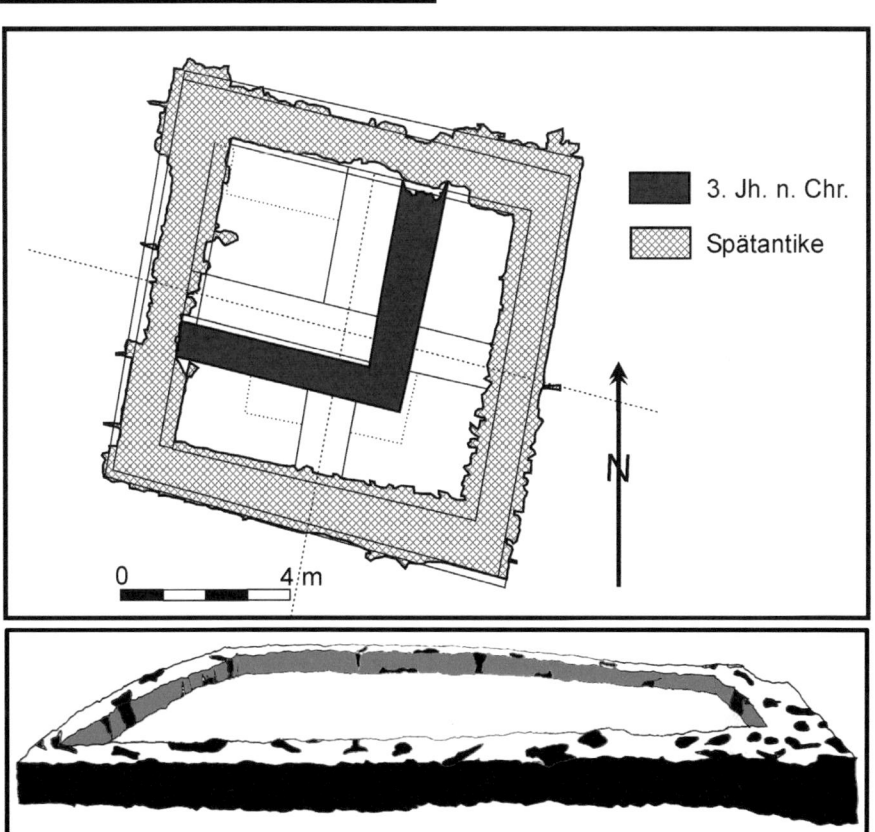

7 | Oben: Grundriss des Burgus am Hirschleitengraben mit seinen beiden Bauphasen im 3. Jh. n. Chr. und in der Spätantike. Die zweite Phase lässt sich zeitlich nicht genau bestimmen, dürfte jedoch bei Betrachtung des Gesamtkontextes an das Ende des 4. Jh. n. Chr. zu stellen sein. Unten: Zeichnung der Grundmauern des Burgus in ihrem gegenwärtigen Zustand. Rekonstruktionsversuche deuten auf einen ursprünglich zweigeschossigen Wachtturm hin.

3.8 Das römische Militärlager in Linz

Im Bereich des Linzer Beckens trafen in römischer Zeit zahlreiche überregionale Verkehrswege zusammen, welche einer dauerhaften Kontrolle zu unterziehen waren. Aus diesem Grund wurde vom römischen Heer um 100 n. Chr. das Alenkastell *Lentia* errichtet, das wahrscheinlich im Bereich Promenade-Spittelwiese positioniert war. Als Evidenz für diese geografische Ansprache sind der Steinsockel eines Horreums (Getreidespeicher), Brandhorizonte und Planierungen anzusehen, welche bei ausgedehnten archäologischen Grabungen angetroffen werden konnten. Das Lager wurde im Zuge einer fortschreitenden Urbanisierung vollständig überbaut und kann deshalb in Hinblick auf seine Dimensionen nur mehr sehr grob rekonstruiert werden.[76] Zahlreiche archäologische Zeugnisse wie Inschriften, Münzen und Ziegelstempel deuten darauf hin, dass das Kastell in der Phase der mittleren Kaiserzeit von mehreren Truppeneinheiten belegt war. Dazu zählten unter anderem die *legio II Italica*, welche später nach *Lauriacum* übersiedelte, die *ala I Augusta Thracum*, die *cohors II Batavorum* sowie die *ala I Pannoniorum Tampiana victrix*. Die zuletzt genannte Truppeneinheit nahm das Lager ab 125 n. Chr. in ihren Besitz und blieb dort bis zum Ende des 2. Jh. n. Chr. stationiert. Die archäologische Forschung geht gegenwärtig davon aus, dass sich die militärische Nutzung *Lentias* nicht über das 2. Jh. n. Chr. hinaus erstreckte. Das Kastell wurde vermutlich zu Gunsten des relativ nahe gelegenen Legionslagers von *Lauriacum*, wo man zur Unterbringung größerer Truppenstärken befähigt war, aufgegeben.[77]

An den im Umfeld des Alenkastells befindlichen Abhängen des Römerberges sowie in der heutigen Linzer Altstadt entstand eine römische Zivilsiedlung, welche hauptsächlich Gastwirten, Handwerkern und Händlern ein Heim bot. Auf dem Rücken des Freinberges und dem Römerberg wurden zudem kleinere militärische Spähposten errichtet, welche zur Kontrolle der feindlichen Gebiete nördlich der Donau dienten. In der Spätantike wurde das Zivildorf aufgrund des ständig auf der Bevölkerung lastenden Feinddruckes aufgegeben und durch ein *oppidum* (befestigte Siedlung) auf dem Römerberg ersetzt.[78]

Die archäologische Erforschung der oberösterreichischen Landeshaupt-stadt blickt bereits auf eine mehr als 180 Jahre alte Tradition zurück. Schon zwischen 1835 und 1842 wurden im Bereich Lessinggasse, Pro-menade, Herrenstraße und Klammstraße archäologische Kartierungen durchgeführt, welche erstmalig den Verdacht einer ehemaligen römi-schen Besiedlung des Stadtgebietes nährten. Etwa 100 Jahre später ließen sich im Bereich der Promenade zahlreiche Relikte römischer Aktivitäten (z. B. Abfallgruben, Öfen) nachweisen. In den Jahren 1954 bis 1962 wurden systematische archäologische Untersuchungen im Bereich des Landestheaters getätigt, die letztendlich eine detailliertere Charakterisierung des Militärlagers gestatteten. Exakte Angaben zu Ausdehnung und zeitlicher Einordnung des Kastells waren die Folge von entsprechenden Kartierungsarbeiten in den 1980er Jahren. Die zum damaligen Zeitpunkt aufgestellten Hypothesen fanden bei nach-folgenden Untersuchungen in den 2000er Jahren ihre weitgehende Bestätigung.[79]

3.9 Das Legionslager in Enns/Lorch

Der antike Siedlungsraum von Enns/Lorch erstreckte sich auf einer weiten Ebene westlich des Ennsflusses (*Anisus* beziehungsweise *Ani-sa*) und gliederte sich in alten Zeiten in mehrere von der Donau ge-formte Schotterinseln auf. Während der mittelalterliche Stadtkern von Enns auf einer Hochterrasse positioniert ist, beschränkte sich das rö-mische Siedlungsareal auf die gegen Norden abfallenden Niederterras-sen, welche durch eine zum Teil signifikante Lössbedeckung gekenn-zeichnet sind. Die Abgrenzung des Gebietes erfolgt nach Osten hin durch die Ausläufer des Georgenberges, der ein vornehmlich aus Kon-glomerat bestehendes Massiv repräsentiert. Dieses aus ehemaligen Flusssedimenten bestehende Gestein wurde von den Römern in grö-ßerer Menge abgebaut und als Baumaterial genutzt. Als weitere in der Nähe befindliche Abbaustätte von Gesteinsmaterial galt der Tabor, ein markanter Granitrücken nordöstlich der heutigen Ortschaft Endhagen. Gegenüber der Ennsmündung erstreckt sich das Tal der Aist (*Agista*), welches bereits in prähistorischer Zeit eine Verbindung in das nördliche Moldaugebiet repräsentierte. Die Enns und Traun wurden in römischer Zeit einer teils intensiven Nutzung durch die Schifffahrt unterzogen, wobei Eisen und Salz aus dem inneralpinen Bereich in Richtung Donau befördert wurden. Die Zivilsiedlung von Enns avancierte aufgrund ihrer bedeutenden strategischen Stellung zu einem Hauptumschlagplatz für alle Arten von Waren. Südlich der Siedlung erfolgte die Kreuzung von Ennstalroute und Limesstraße, jenem bedeutenden, entlang der Donau verlaufenden Handelsweg.[80]

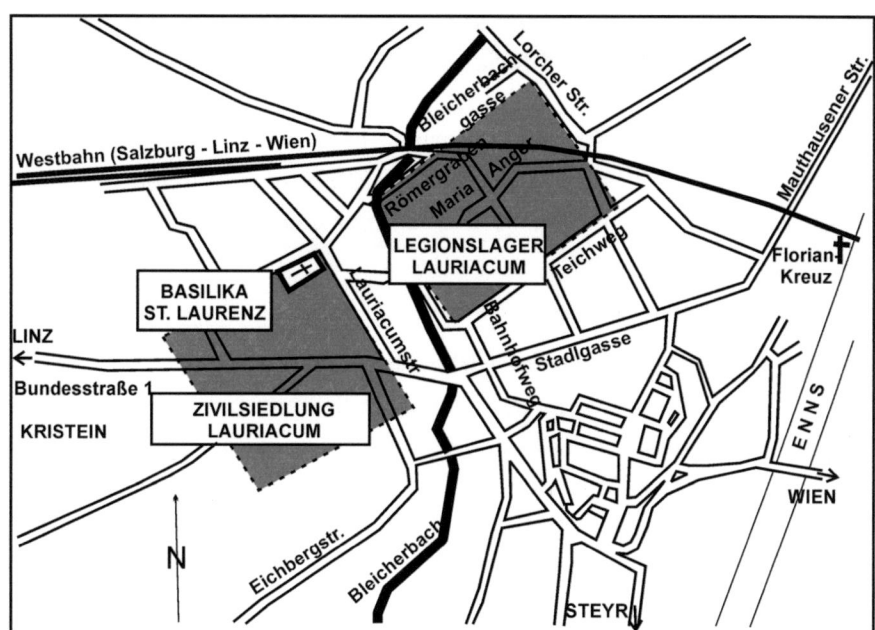

8 | Kleine geografische Karte zur Verdeutlichung der Position von Militärlager und Zivilsiedlung im heutigen Stadtgebiet von Enns. Beide Anlagen befanden sich westlich des Ennsflusses.

Umfangreiche archäologische Untersuchungen der vergangenen 150 Jahre hatten die genaue Festlegung der Position des ehemaligen Legionslagers zum Resultat. Den Forschungen zufolge befand sich das Kastell auf einer Niederterrasse, welche im Nordwesten vom heutigen Bleierbachtal abgegrenzt wird. Das Lager war durch eine Südwest-Nordost-Orientierung gekennzeichnet und näherte sich an den Verlauf der

Terrassenkante an. Die Grundfläche des Militärlagers entsprach dabei nicht etwa einem idealen Rechteck, sondern vielmehr einem Parallelogramm. Dieser eher außergewöhnliche Umstand spiegelt sich dadurch wider, dass die Fluchten der dokumentierten römischen Baustrukturen nicht im rechten Winkel aufeinandertreffen (→ Abb. 8).[81]

Die Reste des römischen Kastells von *Lauriacum* sind heute praktisch zur Gänze überbaut. Der Verlauf der Umfassungsmauer und der vorgelagerten Gräben kann aber anhand des heutigen Stadtbildes ziemlich gut nachgezeichnet werden. Am besten lässt sich die ehemalige Orientierung der Lagergräben im nordöstlichen Bereich des Kastells studieren, wo das Areal von der Westbahnstrecke gekreuzt wird. Die alten Verteidigungsstrukturen sind dort noch durch eine Tiefe von etwa 3 m gekennzeichnet. Zahlreiche, im Laufe der Forschungsgeschichte erstellte Rekonstruktionszeichnungen deuten darauf hin, dass die Grundfläche des Lagers 539 x 398 m betrug und die Anlage von einer 2,1 m hohen Umfassungsmauer umgeben war. Neben den vier typischen Ecktürmen gab es noch 26 Zwischentürme. Im Lagerinneren befanden sich mit den Unterkünften, den Repräsentationsbauten und zahlreichen Lagergebäuden jene bereits in Kapitel 2 ausführlich erläuterten Standardstrukturen. Zudem gab es aber auch noch eine ausgedehnte Thermenanlage und ein *valetudinarium* (Feldlazarett). Jene Bauwerke, welche in der Spätantike zu den bestehenden Objekten hinzugefügt wurden, wiesen einen vermehrt zivilen Charakter auf (→ Abb. 9).[82]

Die moderne Forschung vertritt die Auffassung, dass der Beginn der Lagererrichtung in das späte 2. Jh. n. Chr. fällt. Bauinschriften deuten zudem auf eine Fertigstellung zahlreicher Innenstrukturen im Jahre 205 n. Chr. hin. Im letzten Drittel des 3. Jh. n. Chr. fiel das Kastell vermutlich mehreren Bränden zum Opfer, wodurch zahlreiche Erneuerungsarbeiten eingeleitet werden mussten. Im 4. Jh. n. Chr. trat ein sukzessiver Rückgang der römischen Siedlungsaktivität im Bereich von Enns auf, was unter Kaiser Valentinianus I. einen Umbau des Militärlagers zur Folge hatte. Das Lagerareal blieb mit hoher Wahrscheinlichkeit bis zum 7. oder 8. Jh. besiedelt.[83]

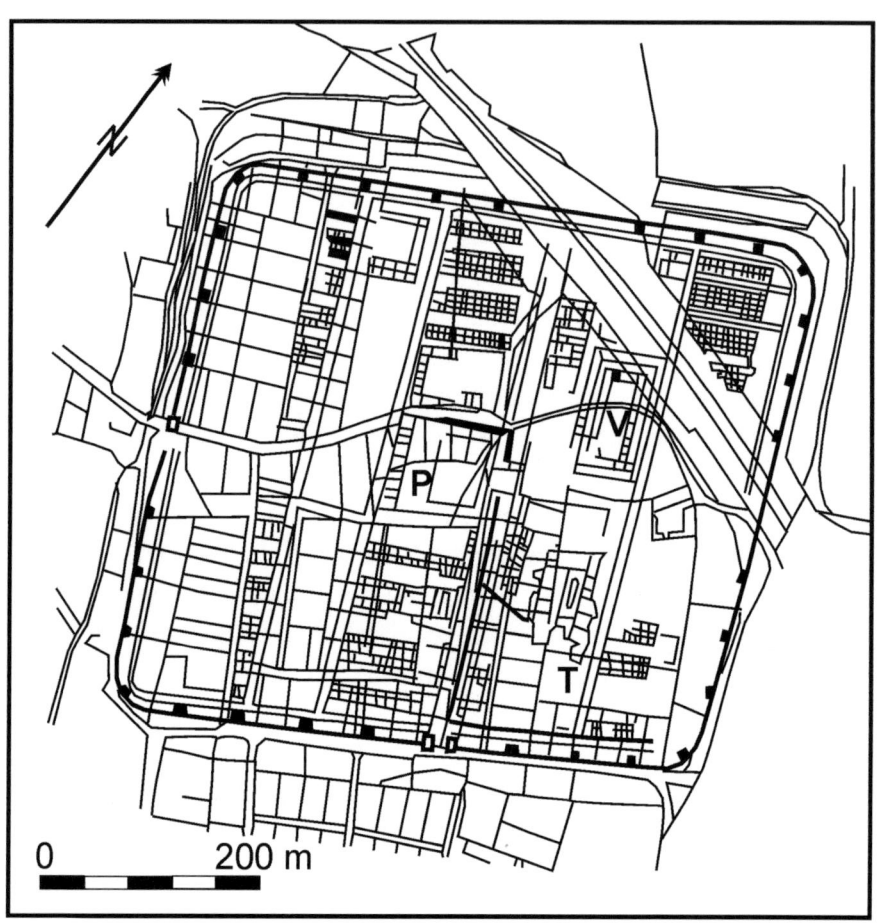

9 Archäologischer Grundrissplan des ehemaligen römischen Militärlagers von *Lauriacum* mit seiner eher außergewöhnlichen Form (P = *principia*, T = Thermen, V = *valetudinarium*).

Das Militärlager von *Lauriacum* galt als Hauptquartier der *legio II Italica*, welche dort anhand zahlreicher Inschriften und Ziegelstempel ihre Spuren hinterließ. Nach der Schlacht von Adrianopel im Jahre 378 n. Chr. erfolgte eine derart starke Reduktion der Limesbesatzung, dass nur mehr eine Resttruppe im Militärlager verblieb. Dabei handelte es sich laut *Notitia dignitatum* (Occ. V,86; VII,144) um den sogenannten *cuneus equitum Secunda(no)rum Italicanorum* (*cuneus* = keilförmige Schlachtformation). Das Kastell beherbergte zudem die *lancearii Lau-*

riacensis (Occ. V,109; VII,58) und die *Lauriacensis scutaria* (Occ. IX,21), welche allesamt unter dem Befehl eines *praefectus legionis secundae Lauriacum* standen.[84]

Die Gegend wurde bereits vor Errichtung des Militärlagers von einer ausgedehnten zivilen Siedlungsaktivität erfasst. An entsprechenden Schnittpunkten von wichtigen Verkehrsrouten entstanden schon im späten 1. Jh. n. Chr. einzelne Niederlassungen, welche sich jedoch aufgrund fehlender archäologischer Befunde nicht mehr genau rekonstruieren lassen. Durch die im großen Stil vollzogene militärische Niederlassung in Enns (siehe oben) trat auch ein rasanter Anstieg der zivilen Siedlungstätigkeit auf, wobei sich die Fachwerkbauweise einer zunehmenden Beliebtheit erfreute. Die Fachwerkhäuser wurden vielerorts über einem älteren Schutthorizont errichtet und zeichneten sich durch zum Teil sehr kunstvoll gestaltete Innenverzierungen aus. In der zweiten Hälfte des 4. Jh. n. Chr. wurden die meisten Zivilbauten wieder aufgegeben, wobei das weitgehende Fehlen von Brandhorizonten eine feindliche Einflussnahme auf diesen Prozess auszuschließen scheint. In der Spätantike wurden hauptsächlich zeitlich nicht näher einordenbare Holzbauten errichtet, welche in Bezug auf ihre Fertigung längst nicht mehr an die Bauwerke der Blütezeit im 2. und 3. Jh. n. Chr. heranzureichen vermochten. Die Bewohner dieser späten römischen Siedlung praktizierten nicht mehr die sonst übliche Brandbestattung, sondern bevorzugten die Leichenbestattung.[85]

Bildtafeln

T1 Oben: Reste der *porta principalis dextra* des römischen Militärlagers in Schlögen mit ihren beiden Wachttürmen. Unten: Grundmauern des Wachtturms am Hirschleitenbach.

T2 | Oben: Reste jenes 250 bis 350 cm tiefen Schutzgrabens, welcher um das Militärlager von *Lauriacum* herum verlief. Unten: Römisches Zivilbauwerk außerhalb des Lagerareals.

4

Baudenkmäler von Albing bis Pöchlarn

4.1 Das Legionslager von Albing

Das im vorangegangenen Kapitel beschriebene Kastell von *Lauriacum* war neueren archäologischen Forschungen zufolge keineswegs die größte Militäranlage am norischen Donaulimes. Vielmehr wurde diese Ehre dem römischen Legionslager von Albing in der Nähe von St. Pantaleon/Erla zuteil. Dieser etwa 500 x 350 m messende Befestigungsbau war ungefähr 2 km östlich der heutigen Ennsmündung auf einer leicht erhöhten Donauterrasse positioniert (→ Abb. 10), welche in römischer Zeit von mehreren Donauarmen umflossen wurde. In Analogie zum Alenkastell in *Lentia* bestand die vornehmliche Aufgabe des Stützpunktes von Albing darin, jene in der Gegend verlaufenden Handelswege, welche für die Versorgung der nördlichen Provinzen des Reiches unverzichtbar waren, einer dauerhaften Kontrolle zu unterziehen. Als bedeutendste Verkehrsrouten der Region galten sowohl die von Westen nach Osten verlaufende Limesstraße als auch die Nord-Süd-Strecken entlang des Aisttales und in der Nähe der Traunmündung.[86]

Zusätzlich zu seinen Dimensionen weist das Legionslager von Albing noch dahingehend eine Besonderheit auf, dass es aufgrund signifikanter natürlicher Einflussnahmen nur über einen Zeitraum von etwa 30 Jahren militärisch genutzt wurde. Die Errichtung der Anlage kann mit hoher Wahrscheinlichkeit in die Regierungszeit des Kaisers Marcus Aurelius datiert werden. Dieser ließ die *legio II Italica* im Zuge der Markomannenkriege an das Donauufer in Albing verlegen. Dort beabsichtigte man die Verteidigung der norischen Provinz vor einem eventuellen Ansturm des Germanenvolkes. Das in der Form eines nahezu

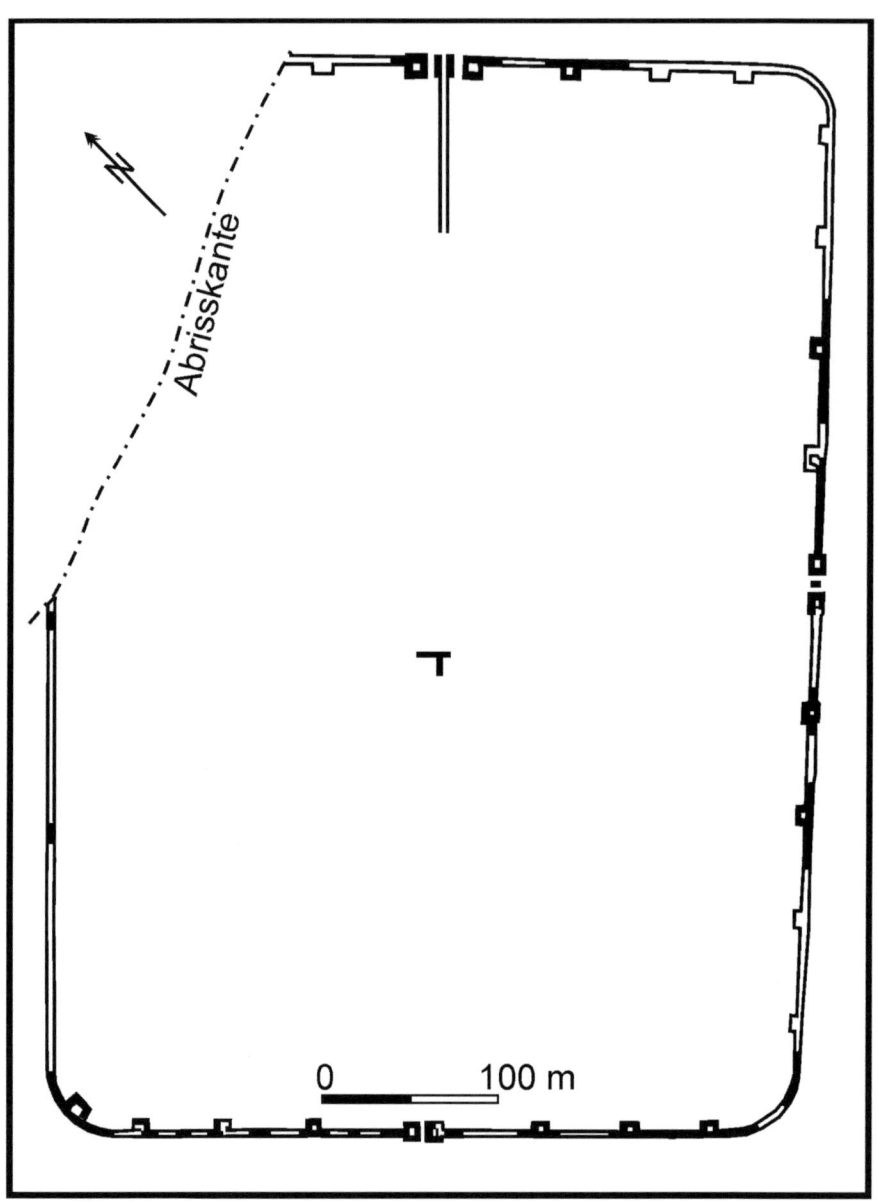

10| Grundrisszeichnung des Legionslagers von Albing mit jener im Zuge einer massiven Donauüberschwemmung erzeugten Zerstörungslinie. Das Kastell wurde in der Regierungszeit des Kaisers Marcus Aurelius errichtet.

idealen Rechtecks konzipierte Lager verfügte über eine Nordost-Südwest-Ausrichtung und wurde unter Außerachtlassung der natürlichen Gegebenheiten erbaut. Die fehlenden Erkundungsarbeiten vor Errichtung der Anlage waren vermutlich auf einen steigenden Feinddruck aus Richtung Norden und eine damit verbundene Zeitknappheit zurückzuführen. Diese Nachlässigkeit hatte freilich zur Folge, dass Teile des Lagers den wiederholt auftretenden Überschwemmungen durch die Donau zum Opfer fielen und dabei regelrecht fortgeschwemmt wurden. Angesichts der Machtlosigkeit gegenüber den periodisch wiederkehrenden Naturgewalten gab die stationierte Legion das Lager schließlich im Jahre 190 n. Chr. gänzlich auf und übersiedelte nach *Lauriacum*. Teile der Legion verblieben wahrscheinlich noch bis zum Beginn des 3. Jh. n. Chr. in Albing, wobei jedoch der genaue Zweck dieser Maßnahme nicht mehr nachvollzogen werden kann.

Das Legionslager von Albing ist trotz seiner Größe nirgendwo anhand einer archäologischen Grabungsstelle aufgeschlossen. Einzelne Baustrukturen der Lagermauer mit ihren Eck- und Zwischentürmen zeichnen sich jedoch unter den Feldern klar ab und können mithilfe einer Luftbildsondierung ausfindig gemacht werden. Ein kleiner Abschnitt der Umfassungsmauer ließ sich im Zuge von Grabungsarbeiten einer nachhaltigen Konservierung zuführen und ist heute hinter dem Hallenbad von Enns ausgestellt.[87]

4.2 Die alte Ziegelei in St. Pantaleon

Am Westufer des Flüsschens Erla, welches bei St. Pantaleon in die Donau mündet, konnten im Zuge einer archäologischen Erkundung mehrere römische Objekte angetroffen werden. Unter ihnen befanden sich ein Ziegelofen sowie eine Vielzahl an gebrannten Ziegeln. Der Fundort der gebrannten Bausteine wurde fortan mit der Bezeichnung „Ziegelfeld" versehen, wodurch er im Gedächtnis der ansässigen Bevölkerung verhaftet bleiben konnte. Der aus archäologischer Sicht als hochinteressant einzustufende Ziegelofen war auf der steilen Uferböschung der Erla, etwa 3 m oberhalb des Flusslaufes, positioniert. Die hier produzierten Bausteine wurden ausschließlich an das römische Militär ausgeliefert und gelangten in den nahegelegenen Kastellen zur Verwendung. Gemäß archäologischem Befund kann die Aktivität der Ziegelei von St. Pantaleon im Wesentlichen auf das 4. Jh. n. Chr. eingegrenzt werden.[88]

4.3 Der Wachtturm in Au/Rotte Hof

An den Abhängen der Strengberge, welche der oberösterreichischen Ortschaft Au zugeordnet werden können, liegen archäologische Hinweise vor, welche auf einen weiteren Burgus zur Sicherung der danubischen Grenzlinie hindeuten. So konnten etwa Reste eines Grabens vorgefunden werden, der südlich des vermuteten Standortes der Militäranlage verlief und eine erhöhte militärische Bauaktivität der Römer belegt. Der Wachtturm, so er an vorgeschlagener Stelle platziert war, befand sich zudem in einer strategisch äußerst günstigen Position zwischen dem Legionslager von *Lauriacum* und dem Kastell von Wallsee (siehe unten). Die sehr dünne archäologische Indizienlage deutet darauf hin, dass der Burgus über eine quadratische Grundfläche von etwa 9 x 9 m und über ein Ziegeldach verfügte.[89]

Erste im Zusammenhang mit der Bausubstanz stehende Fundberichte gehen bereits in das 19. Jh. zurück, und die Freilegung von Resten des Wachtturmes erfolgte 1979 im Zuge einer durch das Bundesdenkmalamt verordneten Notgrabung. Der Burgus wurde mit ziemlicher Sicherheit in der zweiten Hälfte des 4. Jh. n. Chr. errichtet, wobei eine zeittypische Steinbauweise zur Anwendung gelangte. Das Baumaterial wurde im Mittelalter zur Gänze abgetragen und für die Schaffung neuer Gebäude verwendet. Aufgrund der Nähe zu *Lauriacum* besteht die Vermutung, dass der Burgus von Soldaten der zweiten italischen Legion besetzt war. Anhand zahlreicher Ziegelstempel lässt sich zudem eine Einflussnahme des Bereichs durch den *dux* Ursicinus nachweisen.[90]

4.4 Das römische Kastell von Wallsee

Etwa 30 km östlich von *Lauriacum* liegt die Ortschaft Wallsee, welche in römischer Zeit ebenfalls über ein in Bezug auf seine Dimensionen großzügig ausgelegtes Militärlager verfügte. Die Anlage wurde nach gängiger damaliger Tradition auf einer erhöhten Position errichtet und befand sich demzufolge auf einem Sandsteinfelsen, welcher als Ausläufer der Strengberge im Bereich der Ortschaft an die Donau herantritt und durch einen steilen, bis zu 50 m hohen Abfall zu den Donauauen charakterisiert ist. Auf Basis umfangreicher archäologischer Studien in der Gegend konnte die Erkenntnis gewonnen werden, dass sich nordwestlich des Lagers vermutlich eine kleine Hafenanlage befand und weiter östlich wahrscheinlich ein Fort zur Überquerung der Donau vorhanden war. Die exponierte Lage der Festung kann nach militärstrategischen Gesichtspunkten als nahezu ideal bewertet werden, da man einen ungestörten Weitblick auf die nördlich der Donau liegenden Niederungen des Machlandes hatte, jedoch auch den Strom selbst über weite Strecken im Auge behalten konnte. An klaren Tagen reichte die Sicht vom donauaufwärts gelegenen Wachtturm in Au/Rotte Hof bis zum donauabwärts positionierten Burgus in Ardagger.[91]

Das Kastell von Wallsee verfügte laut archäologischem Befund über eine Grundfläche von ungefähr 400 x 300 m und schloss damit das heutige Zentrum der Ortschaft zur Gänze in sich ein. Die *principia* befand sich unmittelbar im Bereich des modernen Hauptplatzes und besaß eine Grundfläche von 30 x 30 m. Nördlich des ehemaligen Lagers kann heute das Schloss Wallsee mit dem zugehörigen Vorschloss, dem Park und der breit angelegten Reithalle angetroffen werden. Auf dem Schlossplateau wurden etliche Objekte von römerzeitlicher Keramik gefunden, welche bei der Datierung der antiken Bausubstanz eine gute Hilfestellung zu leisten vermögen. Weitere interessante Fundstellen können insbesondere westlich des Militärlagers angetroffen werden, wobei hier ein spätantikes Gräberfeld und eine Ziegelei besonders hervorzuheben sind (→ Abb. 11). Aufgrund der archäologischen Fundsituation lässt sich mit einiger Sicherheit festhalten, dass sich südlich des Kastells ein *vicus* befand, der sich vermutlich bis zum heutigen Tiefenweg erstreckte. Obwohl die Grundfesten des Kastells vollständig unterhalb des Bebauungshorizontes von Wallsee positioniert sind, gelang im Zuge von Grabungsarbeiten die Konservierung eines Teiles der spätantiken Lagermauer. Archäologisch interessierte Personen können diesen Mauerabschnitt im Bereich des Kindergartens besichtigen.[92]

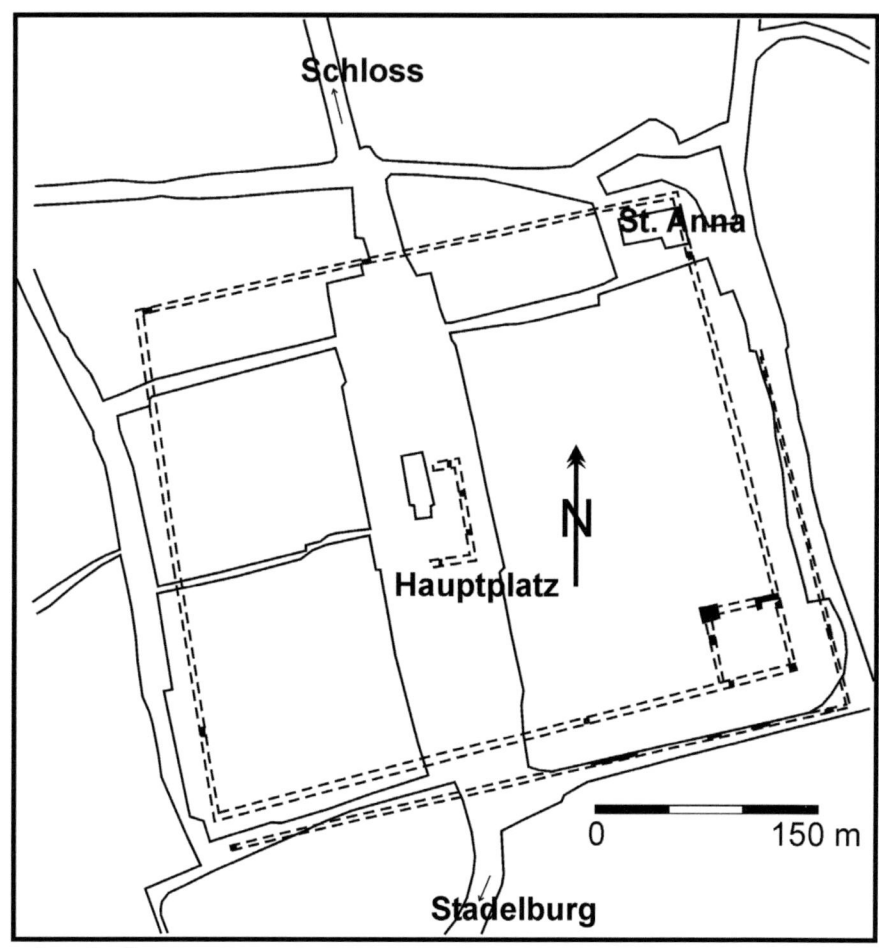

11 Grundrisszeichnung (gestrichelt) des römischen Militärlagers von Wallsee. Die ehemalige *principia* befand sich im Bereich des Hauptplatzes der Ortschaft.

Laut archäologischem Befund kann eine frühe Version des Lagers von Wallsee an das Ende des 1. Jh. n. Chr. gestellt werden. Das Kastell wurde im Laufe der Jahrzehnte und Jahrhunderte einer kontinuierlichen Modernisierung unterzogen und behielt seine Funktion vermutlich bis zum Ende des 5. Jh. n. Chr. bei. Über die ursprüngliche römische Bezeichnung der Anlage besteht noch weitgehende Uneinigkeit. Einige

Forscher halten hier den Namen *Adiuvense* für zutreffend, wohingegen andere Experten eher davon ausgehen, dass das Kastell den Römern unter dem Terminus *Locus Felicis* geläufig war. Beide Namen werden in der *Notitia dignitatum* genannt, wobei *Adiuvense* laut dieser Quelle eine Liburnariereinheit beherbergte.[93]

4.5 Der Wachtturm in Sommerau/Schweinberg

In der Ortschaft Sommerau mit ihrem Ortsteil Schweinberg konnten ebenfalls archäologische Zeugnisse für eine römische Bauaktivität angetroffen werden. Auf einer markanten, aus militärstrategischer Sicht bedeutsamen Felsklippe traten nämlich spärliche Reste eines Burgus zutage. Die Felsklippe fällt im Norden gegen die Donau, im Westen jedoch gegen den sogenannten Igelgraben ab, so dass sich dem römischen Soldaten ein sehr guter Rundumblick bot. Der auf der Klippe positionierte Turm befand sich direkt auf der Verbindungslinie zwischen Wallsee auf der einen Seite und dem befestigten Dorf von Mauer an der Url auf der anderen.[94]

Der Burgus wurde dem archäologischen Befund zufolge in der Spätantike errichtet und von 300 bis 488 n. Chr. genutzt. Von der alten Baustruktur ist kaum noch etwas zu erkennen, da die militärische Kleinanlage im Mittelalter mit der Sommerauer Burg überbaut wurde, welche später jedoch selbst geschleift wurde. Der Wachtturm wurde wahrscheinlich von der zweiten italischen Legion mit soldatischem Personal beschickt, die zeitweilig unter dem Befehl des Grenzgenerals Ursicinus standen. Aufgrund von Ziegelstempeln wird auch eine lokale Tätigkeit der *auxiliares Lauriacenses* (Hilfstruppen aus *Lauriacum*) vermutet.[95]

4.6 Die befestigte Siedlung in Mauer an der Url

Das oberösterreichische Mauer an der Url galt in römischer Zeit als Sitz einer befestigten Siedlung (*oppidum*), welche direkt am Ufer der Url in der Nähe der Mündung in die Ybbs situiert war. In diesem Bereich kann noch heute ein weitläufiges Becken beobachtet werden, das im Nordwesten an die Hügellandschaft der Strengberge angrenzt. Der

Verlauf des Flusses hat sich natürlich in den vergangenen 2000 Jahren signifikant verändert, so dass der Nordwesten der ehemaligen Struktur im Laufe der Zeit infolge der kontinuierlichen Restrukturierung des Flussbettes seine Abtragung erfuhr (→ Abb. 12).[96]

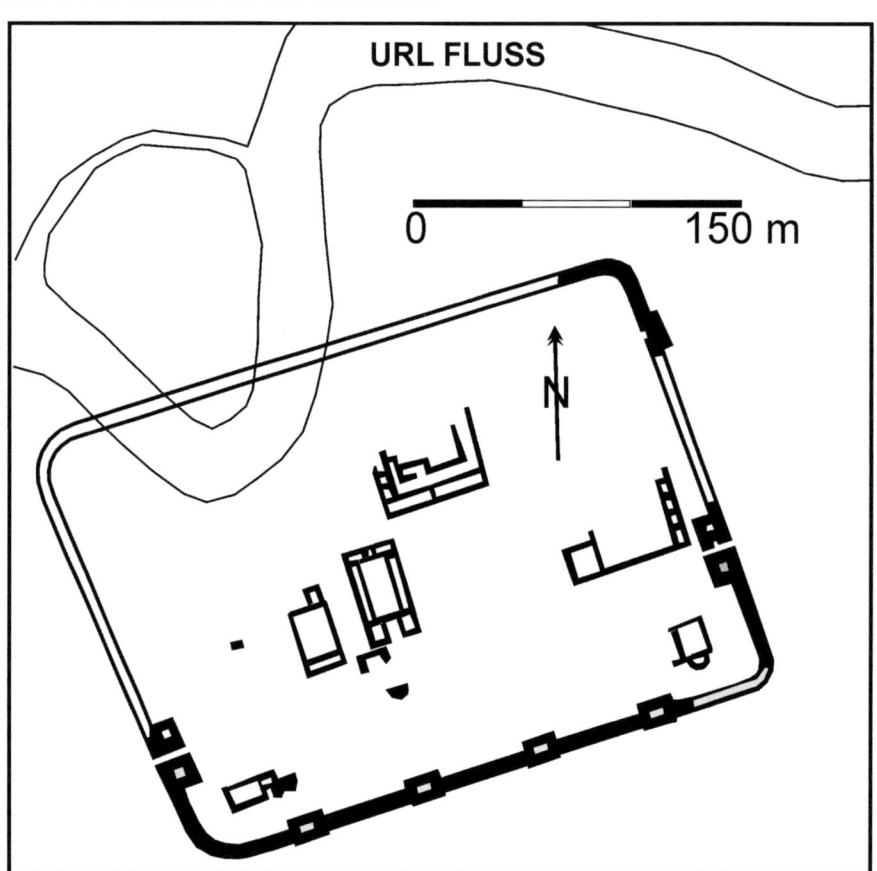

12 | Grundrisszeichnung der befestigten Siedlung von Mauer an der Url, welche sich ungefähr 10 km südlich des Donaulimes befand und einen bedeutenden Punkt der von Westen nach Osten verlaufenden Limesstraße repräsentierte.

Die befestigte Siedlung lag etwa 10 km hinter der römischen Grenzlinie, war aber direkt an der bereits mehrfach erwähnten Limesstraße positioniert, welche das westliche *Lauriacum* mit dem östlichen *Arelape* (Pöchlarn) verband. Südlich und südöstlich des *oppidum* stieß man im Zuge von archäologischen Grabungen auf mehrere Gräberfelder. In der älteren archäologischen Literatur wurde anstelle der befestigten Siedlung ein reguläres römisches Militärlager vermutet. Diese Hypothese musste jedoch aufgrund des Fehlens eines mit dem Kastell assoziierten *vicus* wieder verworfen werden.[97]

Bei näherer Betrachtung der Siedlung und ihrer erhaltenen Baureste lässt sich ein rechteckiger Grundriss der Baustruktur rekonstruieren, wobei die Längsseiten der Anlage eine Ost-West-Ausrichtung besaßen. Die Forschung vertritt die Auffassung, dass das *oppidum* über zwei Portale im Osten und Westen verfügte und ringsum eine zum Teil massive Turmbefestigung aufwies. Die Fläche der Siedlung entsprach vermutlich jener eines kleinen bis mittelgroßen Alen- oder Auxiliarkastells.[98]

Die lateinische Ansprache der befestigten Siedlung gilt bis heute noch als ungeklärt, wobei jedoch vor allem die Bezeichnung *Loco Felicis* mit der antiken Niederlassung in Verbindung gebracht wird. Diese wird auf Basis des *Itinerarium Antonini* (235) und der *Notitia dignitatum* (Occ. XXXIV,33) sicherlich nicht ganz zu Unrecht mit dem Namen *Locus Felicis* gleichgesetzt.[99]

Mauer an der Url erlangte auch aufgrund der Tatsache, dass hier im Jahre 1937 der berühmte Jupiter-Dolichenus-Schatz freigelegt wurde, überregionale Bedeutung. Bei dem Schatz handelte es sich um einen sogenannten Verwahrfund, welcher das gesamte Inventar eines Dolichenus-Heiligtums enthielt. Die Figur des Jupiter Dolichenus spielte im Mithras-Kult des 2. und 3. Jh. n. Chr. eine zentrale Rolle. Die Kultfigur wurde dabei nach der Ortschaft *Doliche* in der südosttürkischen Landschaft *Commagene* benannt, wo sie als Himmelsgott mit Doppelaxt und Blitz in den Händen sowie auf einem Stier stehend zur Darstellung gelangte. Nach moderner Kenntnis erfolgte im gegebenen Fall eine Verschmelzung zwischen römischem Kult auf der einen Seite und hurritisch-hethitischer Religion auf der anderen. In Kleinasien wurde der Wettergott Tešup mit exakt gleichem Habitus auf Reliefen abgebildet. Die Mythologie des Jupiter Dolichenus lässt sich heute nur mehr sehr schwer erfassen und wirft genauso viele Fragen auf wie der Mithras-Kult selbst.[100]

4.7 Der Wachtturm in Neumarkt an der Ybbs

Im Mündungsbereich der Ybbs ist die Donau durch ein breites Fluss-bett und demzufolge durch eine niedrigere Fließgeschwindigkeit ge-kennzeichnet. Deshalb konnte man an dieser Stelle den Strom bereits in der Antike relativ sicher überqueren. Den Germanen bot sich hier freilich eine „Schwachstelle" der Donaugrenze, welche es von römi-scher Seite durch eine entsprechende Militäranlage abzusichern galt. Im 3. Jh. n. Chr. wurde deshalb ein Wachtturm errichtet, welcher direkt an der Limesstraße positioniert war und einen Zwischenposten zwi-schen Mauer an der Url und Pöchlarn repräsentierte.

Da von dem Burgus nur spärliche archäologische Reste konserviert werden konnten, gibt es zu dessen baulicher Charakteristik nur sehr wenige Erkenntnisse. Man weiß heute lediglich, dass das Bauwerk über einen eher ungewöhnlichen rechteckigen Grundriss verfügte, wo-bei sich die Innenmaße auf lediglich 4,3 x 2,9 m beliefen. Archäologi-sche Grabungen im Jahre 1961 belegten zudem einen Stiegenabgang, ein Tor sowie einen etwa 35 m entfernten Graben. Der Standort wurde von den Römern vermutlich bis ins 5. Jh. n. Chr. hinein genutzt und trug wahrscheinlich die Bezeichnung *Ad Pontem Ises*, welche auch in der *Tabula Peutingeriana* (IV,6) auftaucht.[101]

4.8 Der Wachtturm in Ybbs an der Donau

Auch für die Gemeinde Ybbs selbst wird seit längerer Zeit das even-tuelle Vorhandensein einer römischen Militäranlage diskutiert, wel-ches jedoch bislang durch keinerlei archäologische Befunde bestätigt werden konnte. Es gibt gewisse Indizien, die zumindest indirekt auf eine entsprechende bauliche Präsenz hindeuten. Hier muss einerseits ein im Jahre 1508 freigelegter Inschriftenstein genannt werden, auf welchem die Erbauung eines Burgus im Jahre 370 n. Chr. beschrieben wird. Der Stein ging unglücklicherweise im Laufe der Jahrhunderte verloren und steht deshalb nicht mehr für weitere Untersuchungen zur Verfügung. Andererseits wurden im Zuge von Grabungsaktivitäten römische Ziegelstempel freigelegt, welche sich am ehesten in Verbindung mit einer römischen Militäranlage kleineren Ausmaßes deuten lassen.[102]

4.9 Die Wachttürme in der Ortschaft Sarling

Während für Ybbs das ehemalige Vorhandensein eines Burgus als nahezu gesichert gilt und durch modernere archäologische Untersuchungen auch immer mehr seine Bestätigung findet, konnte die Präsenz des römischen Militärs in Sarling von vornherein als wissenschaftlich belegt angenommen werden. Die Forschung vertritt heute die Auffassung dass sogar zwei an unterschiedlichen Stellen positionierte Wachttürme aus der römischen Kaiserzeit (50 bis 488 n. Chr.) vorhanden waren, wobei sich die erste Anlage im Ortsteil Säusenstein befand, wo die Grundfesten eines Gevierts aus typisch römischem Mauerwerk angetroffen werden konnten. Der zweite Burgus war auf einem Felsplateau im Bereich der heutigen Kirche St. Veit lokalisiert und ging zum Teil in deren Baukörper ein. Die militärische Nutzung der zweiten Anlage kann keineswegs als gesichert erachtet werden, da man in deren Nähe auch drei Altäre vorfand, welche an der Südwand der Kirche zur Aufstellung gelangten.[103]

4.10 Das römische Kastell in Pöchlarn

Die niederösterreichische Ortschaft Pöchlarn befindet sich in einer ausgedehnten Beckenlandschaft, welche von der Donau im Laufe von Jahrmillionen aus dem Urgestein der Böhmischen Masse geformt worden war. In der Nähe des Ortes mündet die Erlauf in die Donau, wodurch diesem Gebiet in antiker Zeit eine außergewöhnliche strategische Stellung zuteilwurde. In der römischen Ära war die Donau in diesem Abschnitt noch nicht reguliert, sondern formte eine zum Teil wilde Aulandschaft, die von Nebenarmen des Stromes einerseits und Schotterinseln andererseits durchsetzt war und sich weit über den heutigen Uferbereich nach Süden ausdehnte. Das römische Militärkastell von Pöchlarn erstreckte sich auf den Niederterrassen der Donau östlich der Erlaufmündung und wurde auf einem für Hochwassererosionen anfälligen Schotteruntergrund erbaut (→ Abb. 13).[104]

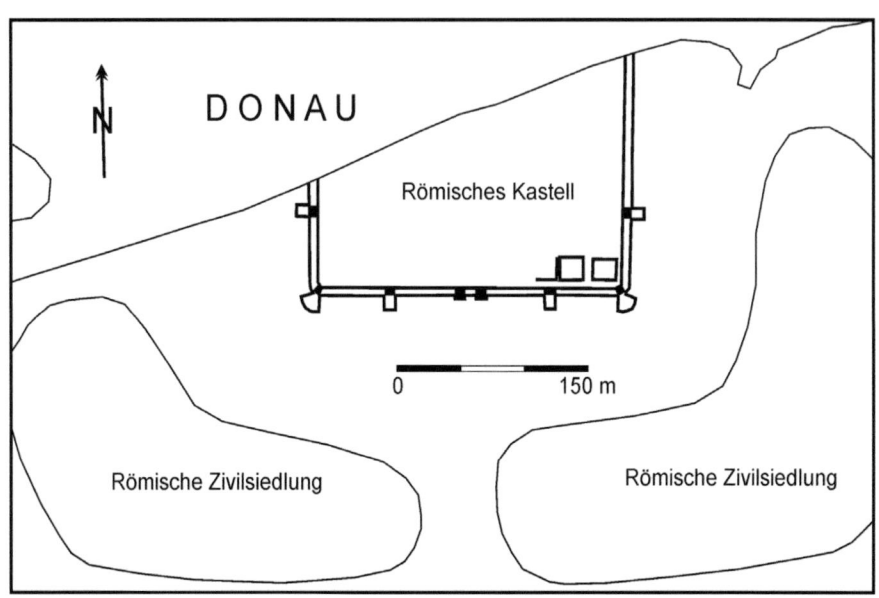

13 | Grundrisszeichnung des ehemaligen römischen Militärlagers von Pöchlarn, welches aufgrund seiner Lage zum Teil den Donaufluten zum Opfer fiel.

Das ehemalige römische Militärlager schloss den Ortskern von Pöchlarn ein und besaß eine Grundfläche von 500 x 200 m. Als ein wesentliches Merkmal des Steinkastells galten die Fächertürme an den vier Eckpunkten sowie zusätzliche Turmanlagen an den jeweiligen Lagerflanken (→ Abb. 14). Eine frühe Bauphase des Lagers konnte unter Zuhilfenahme von Keramikfunden an das Ende des 1. Jh. n. Chr. datiert werden. Hierbei handelte es sich aller Wahrscheinlichkeit nach noch um ein eher primitiveres Holz-Erde-Lager. Die Errichtung des eigentlichen Steinkastells erfolgte gemäß archäologischem Befund im 2. Jh. n. Chr., wobei eine endgültige Fertigstellung der Anlage erst nach mehreren Bauphasen gelang. Eine Nutzung des Kastells dürfte möglicherweise bis zum 5. Jh. n. Chr. stattgefunden haben. Der nördliche Teil des Militärlagers wurde im Laufe der Zeit durch periodisch wiederkehrende Hochwässer fortgeschwemmt. Der Rest des Kastells wurde durch die Jahrhunderte hindurch vollständig überbaut und ist nur mehr in kleinen Fragmenten zugänglich.[105]

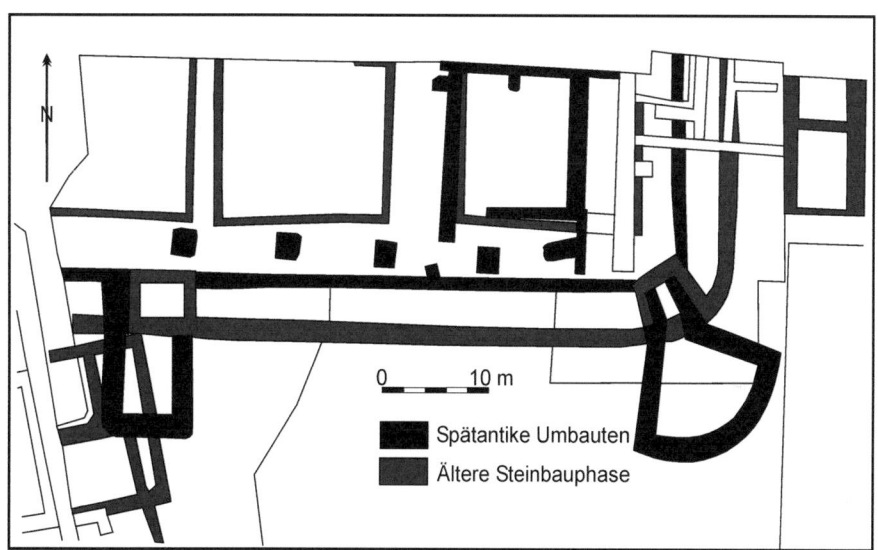

14| Grundrissplan der Südostecke des Militärlagers von Pöchlarn mit seinen verschiedenen Bauphasen. Man geht heute davon aus, dass dem ab dem 2. Jh. n. Chr. errichteten Steinkastell ein einfaches Holz-Erde-Lager vorausging, welches sich bereits in das erste nachchristliche Jahrhundert stellen lässt.

Südlich und südöstlich des Militärlagers erstrecke sich eine für die damalige Zeit charakteristische Zivilsiedlung, deren Bewohner hauptsächlich Handel mit anderen Dörfern dies- und jenseits der Donau betrieben. Der archäologische Befund deutet darauf hin, dass der *vicus* bereits über ein fortschrittliches Straßensystem verfügt haben muss. Östlich der Niederlassung befand sich ein ausgedehntes Gräberfeld, welches noch gegenwärtig eine wichtige altertumswissenschaftliche Quelle repräsentiert und im Bereich der heutigen Rüdigerstraße lokalisiert ist. Weitere in Verbindung mit Leichenbestattungen stehende Fundorte können unter anderem in der Wiener Straße sowie am westlichen Rand von Pöchlarn bei Brunn angetroffen werden.[106]

Zahlreiche römische Reliefskulpturen wurden in Form von Spolien in die postantike Architektur miteinbezogen und prägen stellenweise das Ortsbild von Pöchlarn. Die Reliefe bilden größtenteils pagane Sujets ab (z. B. verschiedene Szenen aus der römischen Mythologie), stammen zum Teil aber auch von Weihe- und Grabsteinen. All diesen Relikten ist gemeinsam, dass sie einen kleinen Einblick in die römische Gesellschaft mit ihren kultischen Aktivitäten geben.

Das Militärlager in Pöchlarn war in römischer Zeit unter der Bezeichnung *Arelape* geläufig, wobei diese Benennung unter anderem durch die *Tabula Peutingeriana* (IV,5), das *Itinerarium Antonini* (234,3; 248,5) und die *Notitia dignitatum* (Occ. XXXIV,34; XXXIV,42) belegt wird. Eine etymologische Analyse des Begriffes lässt dessen Ableitung von *area* (Platz, Feld) und *lapis* (Stein) recht plausibel erscheinen.[107]

Bildtafeln

T3 | Oben: Überreste des Legionslagers von Albing, welches als größte Militäranlage *Noricums* galt. Unten: Mauerreste des Militärlagers von Wallsee.

T4 Oben: Einzelnes Pfostenfundament des spätantiken Restkastells von Wallsee. Unten: Reste einer kleinen Militäranlage (Burgus?) in Ybbs an der Donau.

T5 Oben: Ausgrabungsstätte in Pöchlarn mit Resten des Militärlagers. Unten: In die nachantike Architektur integrierte Spoli-
en aus römischer Zeit mit großteils paganen Sujets.

Baudenkmäler von Spielberg bis Zeiselmauer

5.1 Der Wachtturm in Spielberg/Pielamünd

Ein zur Sicherung des Donaulimes dienender Burgus war in der Nähe der Pielachmündung in die Donau positioniert. Östlich dieses Punktes ragt nämlich ein klippenartiger Ausläufer der Böhmischen Masse etliche Meter aus der Donauniederung heraus, wodurch sich ein geeigneter Aussichtspunkt für die Überwachung des auf der gegenüberliegenden Seite des Stromes befindlichen Gebietes ergibt. Auf dem Plateau der Felsklippe wurden erwartungsgemäß Reste von römischer Bauaktivität angetroffen, welche auf eine militärische Kleinanlage hindeuteten, jedoch heute nicht mehr vorhanden sind. Die Grabungsstelle fiel zur Gänze dem Donaubrückenbau bei Melk zum Opfer.

Konkret handelte es sich bei dem Militärbauwerk um einen Burgus mit überdurchschnittlich großer Grundfläche (16 x 17 m) und Fundamentmauern aus Bruchsteinen. Nahe der Anlage konnten eine römerzeitliche Grube, ein Kuppelofen und zwei Hohlwege nachgewiesen werden. Erste in Verbindung mit dem Bauwerk stehende Fundberichte stammen aus dem frühen 20. Jh. und stützten sich auf eine rein oberflächlichen Erkundung der Landschaft. Archäologische Grabungsaktivitäten wurden erst anlässlich des Baus der Donaubrücke im Jahre 1969 unternommen. Die Forschung geht heute davon aus, dass der Burgus die gesamte späte Kaiserzeit hindurch in Nutzung stand.[108]

5.2 Der Burgus in Aggsbach

Am Ausgang des sogenannten Blashausgrabens ist die Donau durch die Bildung ausgedehnter Schotterbänke und eines natürlichen Nebenarms gekennzeichnet. Hier liegen gesicherte archäologische Belege für einen römischen Wachtturm vor. Relikte dieses militärischen Bauwerks wurden ganz nach militärstrategischem Kalkül auf einer erhöhten Position, nämlich auf einer ungefähr 6 m über der Donau verlaufenden Hochterrasse entdeckt. Ziegelbruchstücke und Reste von Kalkmörtel sowie die antiken Mauerreste selbst unterstreichen mit aller Deutlichkeit die Burgustheorie, wobei der Wachtturm über einen quadratischen Grundriss mit einer Seitenlänge von 12 m verfügte. Die Freilegung der Bauwerksreste erfolgte im Rahmen von Renovierungsarbeiten, welche 1991 an der Blashauskapelle auf dem Gelände der Freiwilligen Feuerwehr durchgeführt wurden. Laut archäologischem Befund lässt sich für die Bausubstanz eine Zeitstellung zwischen 284 und 488 n. Chr. festlegen. Zu entsprechenden im Burgus stationierten Truppen lassen sich keine näheren Angaben machen.[109]

5.3 Der spätrömische Burgus in Bacharnsdorf

In der niederösterreichischen Gemeinde Mitterarnsdorf und hier wiederum im Ortsteil Bacharnsdorf liegt ein Wachtturm aus römischer Zeit vor, der sich gegenwärtig noch in einem durchaus guten Erhaltungszustand präsentiert (→ Abb. 15). Das militärische Bauwerk besitzt einen quadratischen Grundriss mit den exakten Maßen 12,2 x 12,4 m und ist an seiner Südseite bis zum dritten Stockwerk erhalten geblieben. Dort nämlich ragt das spätantike Gussmauerwerk noch bis zu einer Höhe von durchaus beachtenswerten 9 m empor. Der umfangreiche archäologische Befund führte zu der Feststellung, dass sich der Eingang des Wachtturmes an dessen Nordseite befunden haben muss. Gegenwärtig präsentiert sich die antike Bausubstanz als nördlicher Bestandteil eines im Mittelalter errichteten Gebäudes.[110]

Basierend auf seiner außergewöhnlichen Bauweise lässt sich der Burgus von Bacharnsdorf in die spätantike Phase des Römischen Reiches (284. n. Chr. oder später) einordnen. Die militärische Besetzung des Bauwerkes blieb vermutlich bis zum Ende des 5. Jh. n. Chr. bestehen. Der Wachtturm konnte lange Zeit nicht als solcher identifiziert werden, da eine Differenzierung zwischen antiker und mittelalterlicher

15 | Zeichnung des Burgus von Bacharnsdorf (Gemeinde Mitter-arnsdorf) in seinem gegenwärtigen Erhaltungszustand. Der Wachtturm verfügte über drei Etagen und wurde zur Gänze aus spätantikem Gussmauerwerk errichtet.

Bausubstanz vor der Restauration des Gebäudes nur sehr schwer durchführbar war. Zahlreiche Münzfunde sowie die strategisch bedeutende Position der Lokalität an der Donau ließen zwar schon relativ früh einen entsprechenden Burgus vermuten, eine erste Spur zu eben diesem Bauwerk konnte jedoch erst in den 1970er Jahren verfolgt werden, als der eindeutige Nachweis von römerzeitlicher Bausubstanz gelang. Mitte der 1980er Jahre veranlasste das Bundesdenkmalamt eine umfangreiche Bauaufnahme und bestmögliche Konservierung des Wachtturmes, wobei man auch an die Erstellung von möglichst exakten Rekonstruktionszeichnungen heranging (→ Abb. 16).[111]

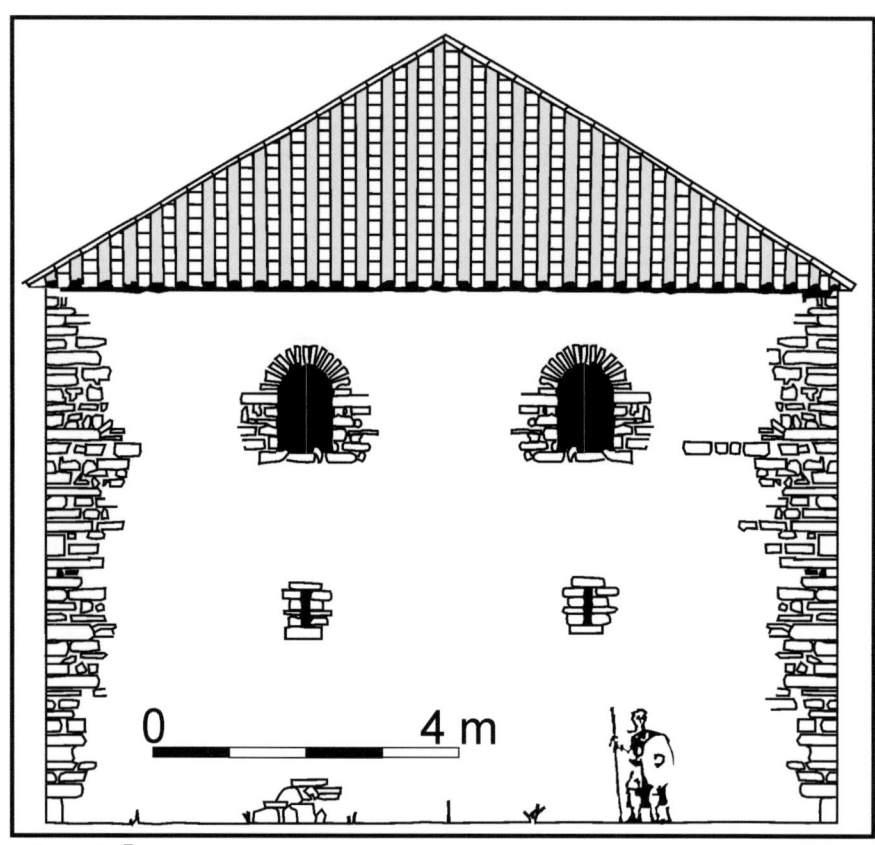

16| Rekonstruktionszeichnung des noch heute in Resten erhaltenen Burgus von Bacharnsdorf.

In Bezug auf die Truppenzugehörigkeit jener Soldaten, welche im Wachtturm von Bacharnsdorf ihren Dienst zu verrichten hatten, gibt es leider bis heute keine gesicherten Erkenntnisse. Die in unmittelbarer Umgebung getätigten Münzfunde vermögen hinsichtlich dieses Problems leider keine weiterführende Information zu liefern, so dass man hofft, irgendwann auf einen Grabstein oder einen Ziegelstempel zu treffen, die ihren Beitrag zur Klärung der Frage leisten können.[112]

5.4 Die Burgi in St. Lorenz und Rossatzbach

In der Ortschaft St. Lorenz am Eingang der Wachau befindet sich das Kirchlein St. Lorenzen, an welches im Süden ein Gebäude mit Resten eines römischen Burgus angrenzt. Der Nordwestrand des Kirchenraumes entspricht heute der ehemaligen Südostwand des Wachtturmes, wobei zwischen Kirchenwand und Dach des Anbaus noch einige antike Mauerreste als Zwickel erkennbar sind. Der den Fragmenten zugrundeliegende Burgus dürfte gemäß archäologischer Forschung am Ende des 3. Jh. n. Chr. entstanden sein. Seine militärische Nutzung erstreckte sich vermutlich bis ins fünfte nachchristliche Jahrhundert.[113]

Ein zumindest in seinen Grundfesten noch recht gut erhaltener Burgus kann im Ortsteil Windstillgraben im äußersten Osten der Gemeinde Rossatzbach angetroffen werden ($\rightarrow$ Abb. 17). Der konservierten Fundstelle zufolge handelte es sich bei dem römischen Wachtturm um ein Gebäude mit quadratischem Grundriss und einer Seitenlänge von

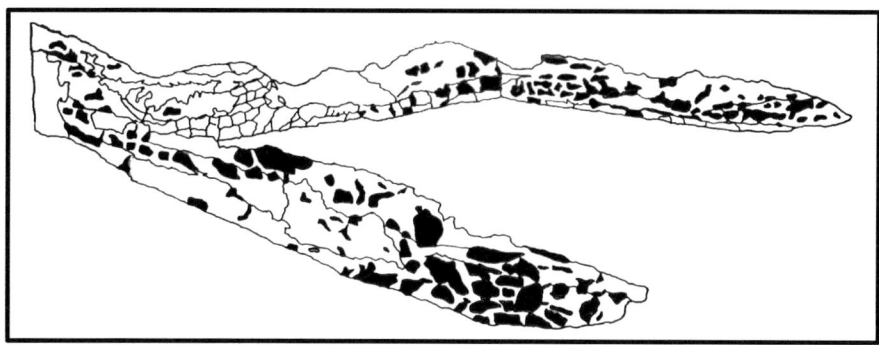

17 | Zeichnung des Burgus in Rossatzbach (Ortsteil Windstillgraben) mit seinem quadratischen Grundriss.

ungefähr 10 x 10 m. An der Südostecke reicht das antike Mauerwerk immerhin noch bis zu einer Höhe von 1,5 m empor. Für die Errichtung des militärischen Bauwerkes wurde wiederum spätantikes Gusssteinmauerwerk verwendet. Die moderne archäologische Forschung vertritt die Auffassung, dass dem spätantiken Burgus ein in wesentlich früherer Zeit entstandenes Bauwerk vorausging, welches über deutlich geringere Ausmaße verfügte und im Bereich der südwestlichen Ecke des Nachfolgebaus lokalisiert war.[114]

Führt man eine gemeinsame Betrachtung der beiden Bauphasen des Wachtturms in Rossatzbach/Windstillgraben durch, so gelangt man zu dem Schluss, dass die militärische Präsenz der Römer in diesem Gebiet an der Wende vom 1. zum 2. Jh. n. Chr. ihren Anfang nahm. Die ältere archäologisch noch nachweisbare Bauphase dürfte in das späte 2. beziehungsweise frühe 3. Jh. n. Chr. zu stellen sein, während sich die jüngere Bauphase auf Basis von Ziegelstempeln in die Zeit zwischen 360 und 370 n. Chr. datieren lässt. Am Ende des 5. Jh. n. Chr. fiel der Wachtturm mit hoher Wahrscheinlichkeit einem Brand zum Opfer.

Die Forschungsgeschichte des Burgus nahm bereits im 19. Jh. ihren Anfang. Schon zur damaligen Zeit vermutete man an entsprechender Stelle einen Wachtturm, konnte diesen jedoch aufgrund der teilweisen Unzugänglichkeit des Gebietes nicht freilegen. Das Gebäude wurde auch in Verbindung mit 18 Hügelgräbern gesehen, welche zwischen 1845 und 1868 zur näheren Untersuchung gelangten. Im Jahre 1952 erfolgten im Zuge des Baus der Bundesstraße die Beseitigung entsprechender Unwegsamkeiten und die komplette Freilegung der Bausubstanz. Die erstmalige archäologische Dokumentation der Burgusreste wurde im Jahre 1970 durchgeführt, und etwa 20 Jahre später kam es zu deren Konservierung für die Nachwelt.[115]

5.5 Das römische Militärlager in Mautern

Nach ihrer Passage einer Engstelle in der Wachau tritt die Donau wiederum in ein weites Becken ein, welches ihr vor der Regulierung die Formung einer weitflächigen Aulandschaft mit zahlreichen Nebenarmen ermöglichte. Die durch diesen Prozess entstandene Naturlandschaft brachte es freilich mit sich, dass die Donau im Laufe der Jahrhunderte mehrmals ihren Lauf änderte. In der römischen Ära befand

18 | Zeichnung des noch erhaltenen Hufeisenturms an der westlichen Lagermauer von Mautern, welches sich am Übergang von der Wachau in eine breite Beckenlandschaft der Donau befindet.

sich im heutigen Ortsgebiet von Mautern ein wichtiger Übergang über den Strom, der von Soldaten und Händlern in gleichem Maße genutzt wurde und deshalb unter stetiger militärischer Aufsicht stand. Da diese Stelle auch von einer bedeutenden Verkehrsverbindung gekreuzt wurde, sah sich das römische Heer dazu veranlasst, auf den tertiären Schotterbänken ein Lager zu errichten (→ Abb. 18).[116]

Die moderne archäologische Forschung vertritt den Standpunkt, dass das Militärlager von *Favianis*, wie man Mautern erwiesenermaßen in der Antike genannt hatte, drei unterschiedliche Bauphasen beinhaltet, welche in verschiedene Abschnitte des Kaiserreichs datiert werden können (→ Abb. 19). Als früheste Bauphase gilt hierbei ein in die flavianische Ära (70-80 n. Chr.) zu stellendes Holz-Erde-Lager, dessen zeitliche Einordnung auf Basis von umfangreichem Fundmaterial und zahlreichen vor Ort sichergestellten Münzreihen belegt scheint. Gemäß dem archäologischen Befund wurde jenes für die Kastellfläche in Betracht kommende Gebiet einer Brandrodung unterzogen und in weiterer Folge mit einer aus Holzständerbauten und Spitzgräben bestehenden Militäranlage versehen. Rund 20 Jahre nach dieser ersten Bauphase erfolgte die Zuschüttung der Befestigungsgräben im Süden und Westen zum Zweck einer signifikanten Erweiterung der Kastellfläche. Unglücklicherweise besitzt man gegenwärtig keine genauen Kenntnisse mehr über jene Truppeneinheit, welche für die Besetzung und Erhaltung des frühen Holz-Erde-Lagers verantwortlich zeichnete. Einzelne Indizien deuten jedoch darauf hin, dass die *cohors II Batavorum*, die frühestens ab 110 n. Chr. nach *Noricum* verlegt worden war, mit der baulichen Erweiterung des Kastells im Zusammenhang steht.[117]
Jenen beiden in Verbindung mit dem Holz-Erde-Lager stehenden Bauphasen folgten ab dem Jahre 120 n. Chr. drei weitere Abschnitte, welche eine sukzessive Transformation der Anlage zu einem Steinkastell nach sich zogen. Basierend auf ausgedehnten archäologischen Grabungen kann man heute mit einiger Sicherheit sagen, dass das Steinlager über eine Grundfläche von ungefähr 175 x 175 m verfügte und damit wesentlich kleinere Dimensionen als das frühere Holz-Erde-Lager annahm. An der Nordwestecke ließen sich zudem Reste einer etwa 1,5 m mächtigen Mauer nachweisen, die später mit einem Fächerturm überbaut wurden (→ Abb. 20). Weitere Kastellfragmente umfassen die Westmauer mit prominentem Hufeisenturm (→ Abb. 18, 21), Teile der nördlichen, westlichen und südlichen Toranlage sowie ein Gebäude mit Apsis im südlichen Bereich des Lagers. Diese Bausubstanz wurde von der Forschung schon recht frühzeitig als Kastellbad interpretiert.

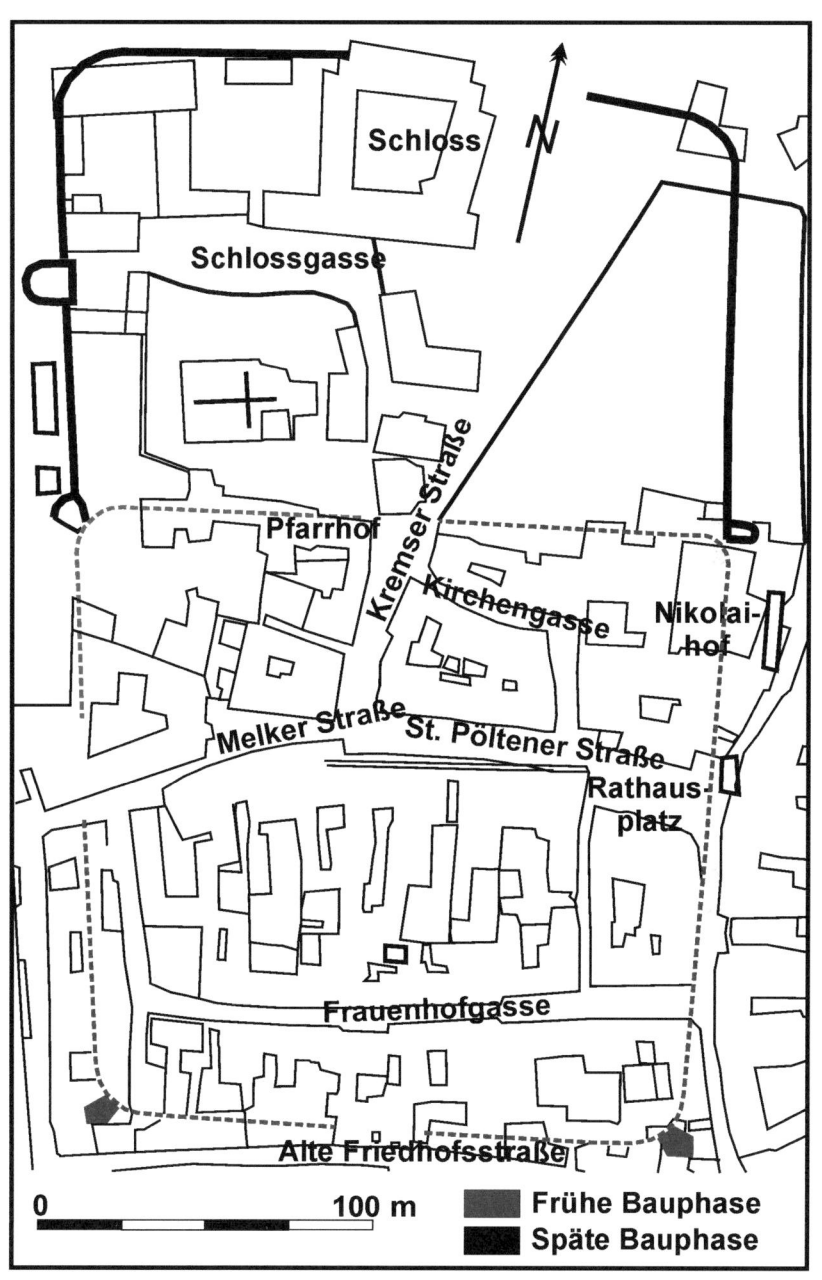

19 | Übersichtsplan der Befestigungsanlage von Mautern mit ihren verschiedenen, zeitlich differenzierbaren Bauphasen.

Der archäologische Befund brachte auch ans Licht, dass das Militärlager von einem äußeren und einem inneren Grabensystem umgeben war.[118]

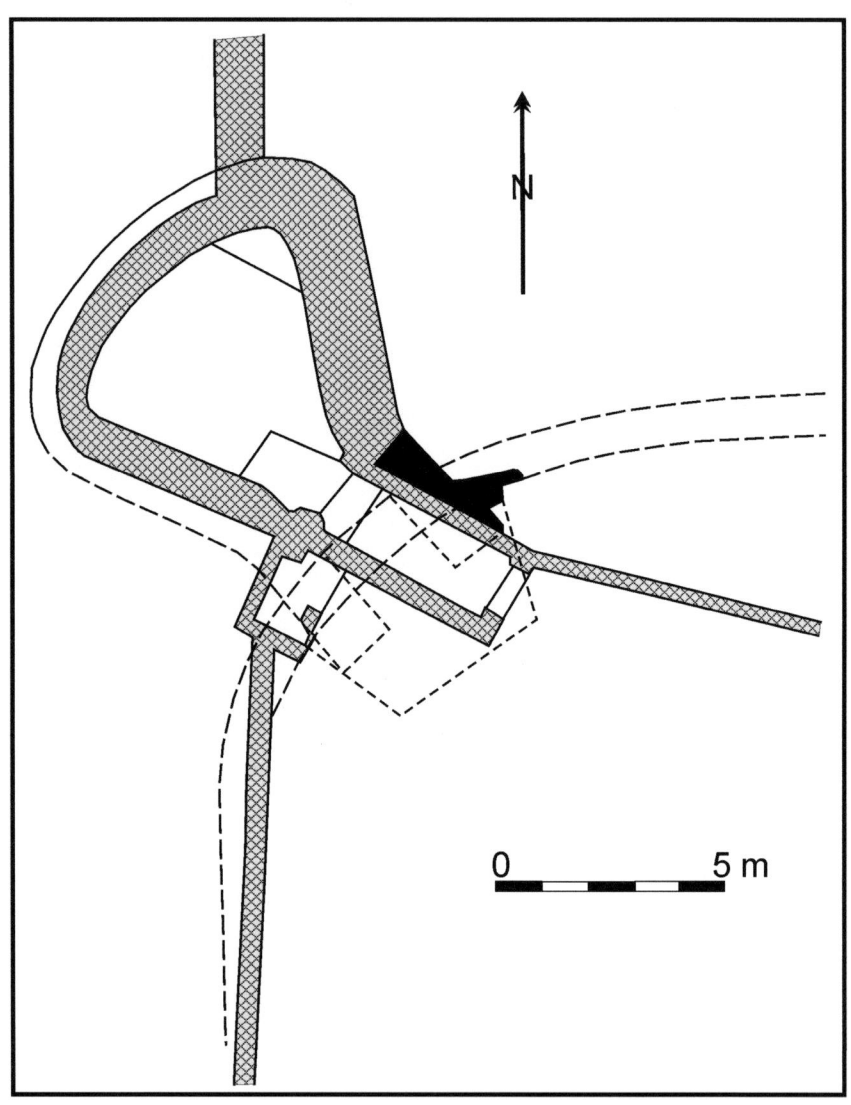

20 | Plan des Fächerturms an der Nordwestecke der spätantiken Befestigungsanlage von Mautern.

Die erste Bauphase mit dem Ziel einer durchgehenden Versteinerung des Kastells dauerte etwa bis zum Jahre 150 n. Chr. Bereits 20 bis 30 Jahre später erfolgten innerhalb des Lagers zahlreiche Umbauten, welche unter anderem durch systematische Planierungen und Aufschüttungen dokumentiert sind. Basierend auf recht exakten Münzdatierungen besitz man heute Kenntnis davon, dass die Anlage im Jahre 251 n. Chr. einem verheerenden Brand zum Opfer fiel, welcher eine weitgehende Wüstung des Bereiches zur Folge hatte. Die abschließende Bauphase des mittelkaiserzeitlichen Steinkastells umfasste dessen Wiederaufbau sowie die Verstärkung der Fächertürme und kann in die Mitte des 4. Jh. n. Chr. datiert werden.[119]

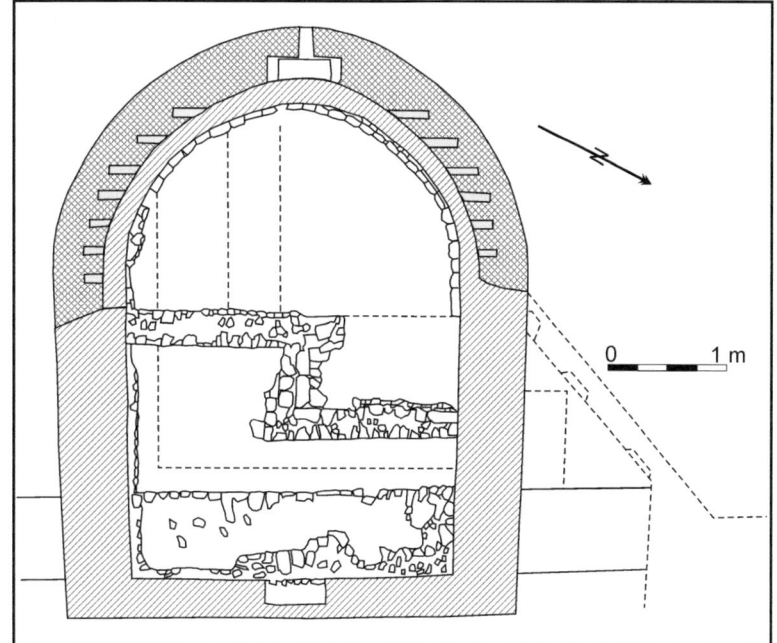

21 | Grundrissplan des Hufeisenturms (→ Abb. 18) an der Westseite der spätantiken Befestigungsanlage von Mautern.

Anhand zweier unterschiedlich zu datierender Militärdiplome kann die Präsenz der bereits genannten *cohors II Batavorum* für den Zeitraum von 131 bis 138 n. Chr. mit Sicherheit nachgewiesen werden. Unter den anderen in Mautern stationierten Truppen befanden sich nach moderner archäologischer Erkenntnis die *cohors I Aelia Brittonum*, die in *Vindobona* beheimatete *legio X Gemina* sowie die *legio XIV Gemina Martia victrix* mit ihrem Stammsitz in *Carnuntum*. Für die zuerst genannte Kohorte konnte mithilfe von Ziegelstempeln eine Präsenz bis in das 3. Jh. n. Chr. nachgewiesen werden, wohingegen die beiden angeführten Legionen wahrscheinlich lediglich Truppenteile für die oben beschriebenen Bauarbeiten abstellten.[120]

Das im 4. Jh. n. Chr. entstandene Militärlager von Mautern war durch eine überproportionale Befestigungsstärke gekennzeichnet, welche beispielsweise bis zu 3 m mächtige Mauern zum Resultat hatte. Das Kastell erfuhr im Laufe der Zeit eine sukzessive Ausdehnung nach Norden und wurde zudem durch Hufeisentürme oder U-Türme verstärkt. Diese Erweiterung, welche sich in zwei voneinander differenzierbaren Bauphasen vollzog, kann mit einiger Sicherheit in das 5. Jh. n. Chr. datiert werden. Nach Beendigung der Umbauarbeit bemaß sich die Größe des Lagerareals auf ungefähr 5,25 ha. Im südlichen Bereich des Kastells konnte durch das Auffinden von Lehmziegelbauten eine zivile Siedlungsaktivität nachgewiesen werden, wohingegen die rein militärische Nutzung des Areals auf die nördliche Lagerzone beschränkt blieb.[121]

Alte Ziegelstempel belegen die Hypothese, wonach in der Spätantike Truppenteile der *legio I Noricorum* in Mautern stationiert waren. In der *Notitia dignitatum* wird darüber hinaus ein *praefectus legionis liburnariorum primorum Noricorum, Fafianae* (Occ. XXXIV,41) erwähnt. Eine Ausbauphase des Lagers lässt sich auf Basis zahlreicher Ziegelstempel mit dem Grenzgeneral Ursicinus, der unter Valentinianus I. gedient hatte, in Verbindung bringen. Aus der *Vita Sancti Severini* des Eugippius erfahren wir schließlich, dass im 5. Jh. n. Chr. eine kleine militärische Truppe in Mautern stationiert war, welche unter dem Kommando des Tribuns Mamertinus stand.[122]

5.6 Der Wachtturm in Hollenburg/Bertholdstein

Zwischen den Militärlagern von Mautern im Westen und Traismauer im Osten befand sich gemäß archäologischem Kenntnisstand zumindest eine weitere militärische Kleinanlage, welche in der Ortschaft Hollenburg zu verorten ist. Dort nämlich liegt eine geomorphologische Besonderheit in Form einer Felsklippe vor, die über das Donautal emporragt und damit einen hervorragenden Ausblick auf das gegenüberliegende Flussufer bietet. Durch archäologische Grabungen konnten antike Mauerreste an der Basis des Hügels der mittelalterlichen Ruine Bertholdstein freigelegt werden, welche infolge spezifischer Eigenschaften die Rudimente einer militärischen Bausubstanz darstellen. Auf der Basis von Bestattungsfeldern im Süden, Südosten und Südwesten der Mauerreste ließen sich die römischen Aktivitäten in diesem Bereich in die spätantike Zeit (284-488 n. Chr.) einordnen. Von den Grundfesten des Burgus ist an Ort und Stelle nichts mehr übriggeblieben, weshalb auch bedauerlicherweise keine Besichtigungs- und Untersuchungsmöglichkeit mehr besteht.[123]

5.7 Das römische Kastell in Traismauer

Die niederösterreichische Ortschaft Traismauer befindet sich ungefähr 50 km westlich der Bundeshauptstadt Wien und beherbergte einst ein römisches Militärlager, welches auf einer sanften Erhöhung östlich der Traisenmündung in die Donau errichtet worden war. Die Anlage zeichnete sich wie die meisten anderen Grenzkastelle durch eine strategisch bedeutsame Position aus. Das Lagerareal galt nämlich als Schnittpunkt mehrerer Verkehrswege, und die in unmittelbarer Nähe verlaufende Traisen erwies sich als überaus nützlich für den Warentransport von der Donau in Richtung Süden. Das Traisental durchschneidet im Süden den Venusberg, der als westlichster Ausläufer des Wienerwaldes gilt und über eine weit in die Prähistorie zurückreichende Siedlungsentwicklung verfügt.[124]

Das Militärlager von Traismauer besaß eine Grundfläche von 3,7 ha und befindet sich gegenwärtig unter dem mittelalterlichen Stadtkern der Ortschaft. Von archäologischer Seite können zwei wesentliche Bauphasen des Kastells unterschieden werden. Bereits gegen Ende des 1. Jh. n. Chr. entstand ein älteres Holz-Erde-Lager, dem in der mittleren Kaiserzeit ein wesentlich robusteres Steinkastell folgte. Intensive Grabungen führten zu der Erkenntnis, dass die Breitseite der Anlage parallel zum etwas weiter im Norden gelegenen Donauufer verlief, während das Lager im Westen bis an den Lauf der Traisen heranzureichen vermochte. Das Kastell wurde in typischer Art und Weise von einer Zivilsiedlung begleitet, die sich hauptsächlich im Süden und Osten an das militärische Areal anschloss. Der im Süden emporragende Venusberg diente den Römern hauptsächlich als Bestattungsplatz (→ Abb. 22, 23).[125]

22 | *Porta principalis dextra* des ehemaligen Militärlagers von Traismauer. Die Grundmauern stammen aus der römischen Zeit, wohingegen die massiven Tore selbst dem Mittelalter zuzuordnen sind.

Das ältere Holz-Erde-Lager konnte zwar im Zuge von Grabungen mehrmals angetroffen, jedoch niemals in Bezug auf seine Ausdehnung exakt vermessen werden. Die Mauern des mittelkaiserzeitlichen Kastells sind innerhalb der mittelalterlichen Befestigung positioniert und formen ein etwa 200 x 160 m messendes Rechteck. Die nordwestliche Ecke wurde vermutlich durch periodische Überschwemmungen der Donau sehr stark in Mitleidenschaft gezogen. Die östliche Toranlage konnte in ihren Grundfesten gesichert werden (→ Abb. 22), und darüber hinaus gelang der archäologischen Forschung der Nachweis eines Systems von Spitzgräben unterhalb des spätantiken Fächerturms.

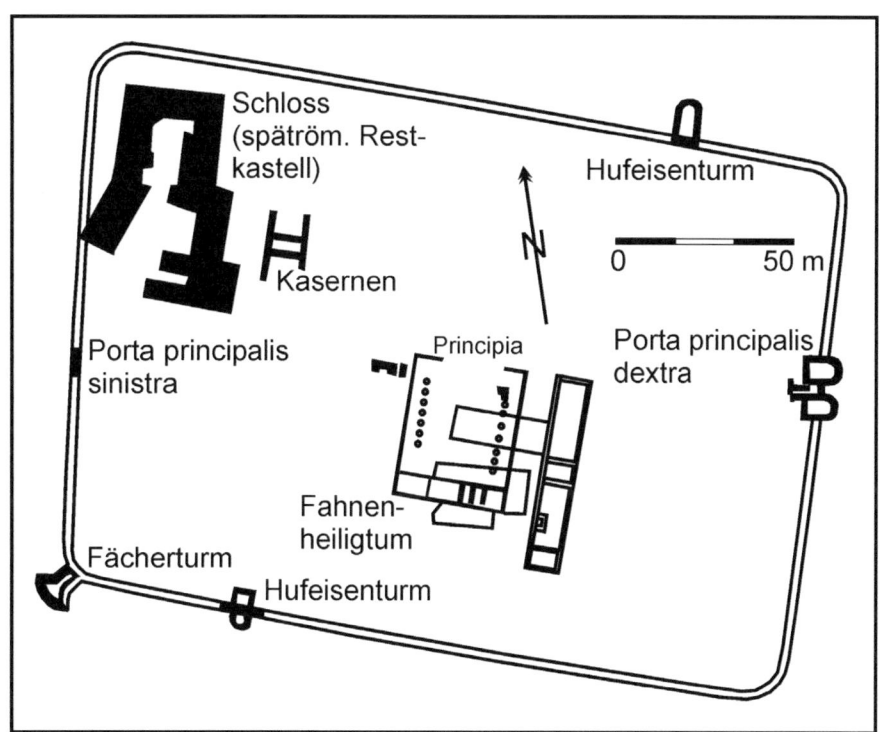

23 | Grundrissplan der römischen Befestigungsanlage von Traismauer mit ihren verschiedenen Komponenten.

Im Innenbereich des Militärlagers konnten mehrere Baustrukturen angetroffen werden, wobei der um 400 n. Chr. zerstörten *principia* sicherlich eine besondere Erwähnung gebührt (→ Abb. 24). Das Kastell verfügte in seinem endgültigen Bauzustand über je einen Hufeisenturm an der Nord- und Südseite sowie über einen Fächerturm an der Südwestecke (→ Abb. 25). Das bereits erwähnte Osttor (*porta principalis dextra*) war dem archäologischen Befund zufolge von zwei massiven Türmen flankiert, von denen aus man einen guten Überblick über das Terrain hatte. Im Zentrum des Lagers war ganz gemäß römischer Tradition die *principia* mit ihrem Fahnenheiligtum positioniert. Diese bestand aus einer weitläufigen Portikus, an welche sich die *scholae* (Hallen), *armamentaria* (Waffenkammern), *aedes* (Schlafgemächer) und das *aerarium* (Schatzkammer) anschlossen.[126]

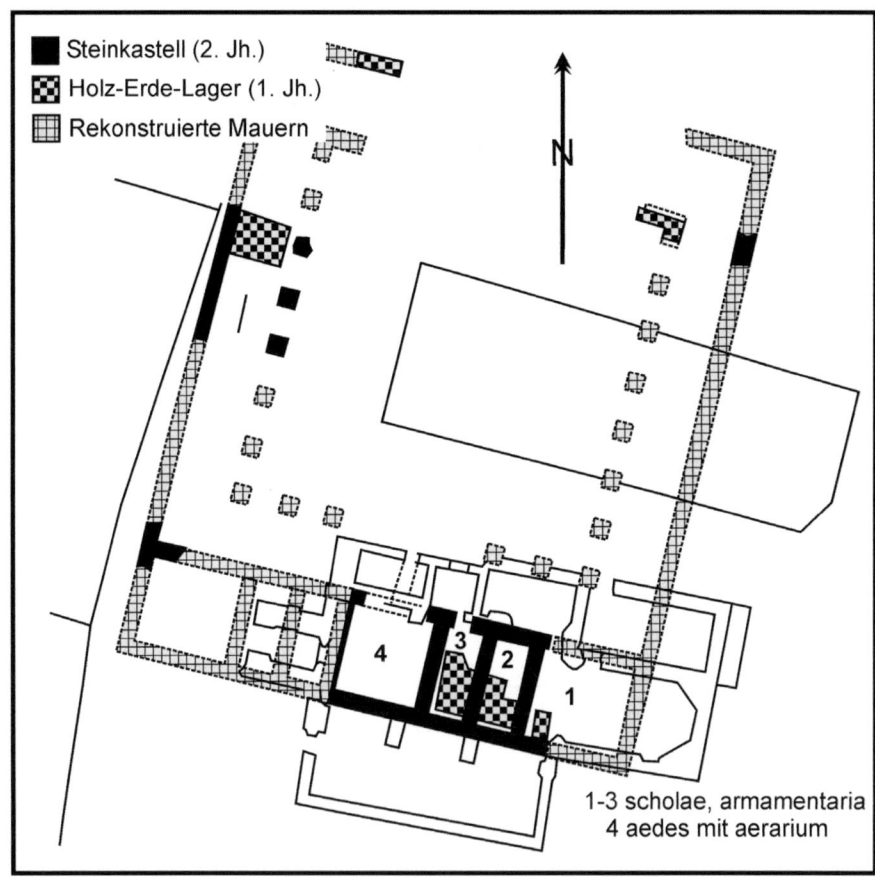

Steinkastell (2. Jh.)
Holz-Erde-Lager (1. Jh.)
Rekonstruierte Mauern

N

4 3 2 1

1-3 scholae, armamentaria
4 aedes mit aerarium

24 | Grundrissplan der *principia* des römischen Kastells von Traismauer mit ihren einzelnen Bestandteilen.

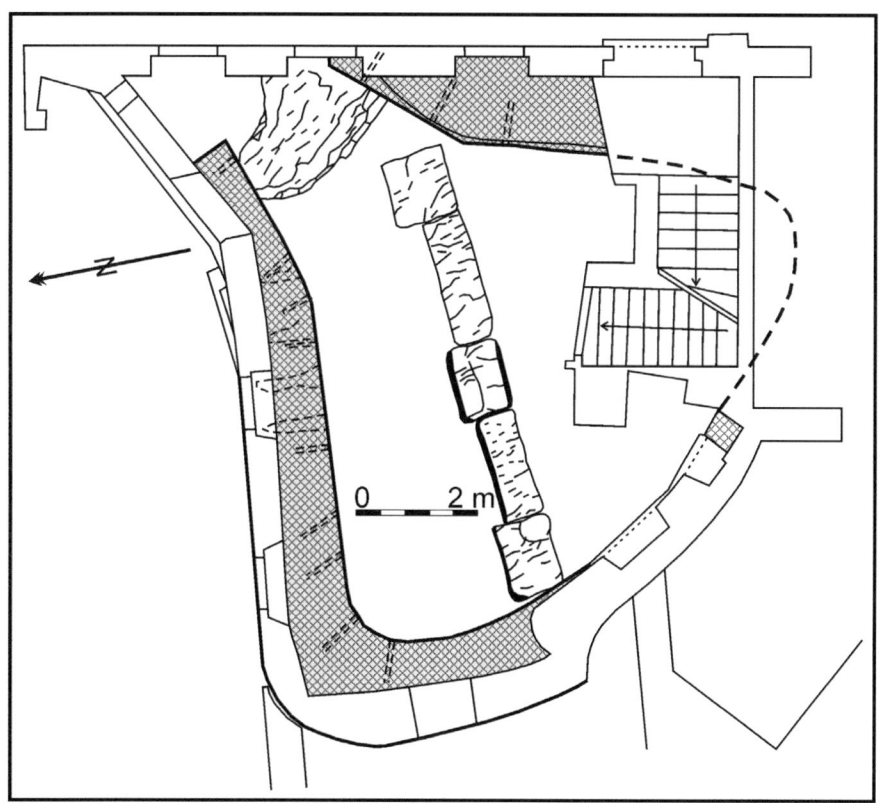

25 Archäologischer Plan des Fächerturms an der südwestlichen Ecke der Kastellmauer von Traismauer.

Nachdem das Militärlager von Traismauer an der Wende vom 4. zum 5. Jh. n. Chr. vermutlich großflächige Brandzerstörungen erfahren hatte, beschränkte man sich in weiterer Folge auf eine Restanlage, welche annähernd einen quadratischen Grundriss besaß, in ihren Dimensionen gegenüber dem ursprünglichen Kastell deutlich zurückgesetzt war und in der Nachantike noch in mehreren Bauphasen erweitert wurde (→ Abb. 26). Von den Römern wurde dieses Restkastell vermutlich bis zum Ende des 5. Jh. n. Chr. genutzt, ehe man sich aufgrund des stetig steigenden Feinddruckes gänzlich aus der Region zurückzog.

Gemäß *Notitia dignitatum* (Occ. XXXIV,35) ist für das Militärlager von Traismauer entweder *Augustianis* oder *Augustiana* als lateinische Be-

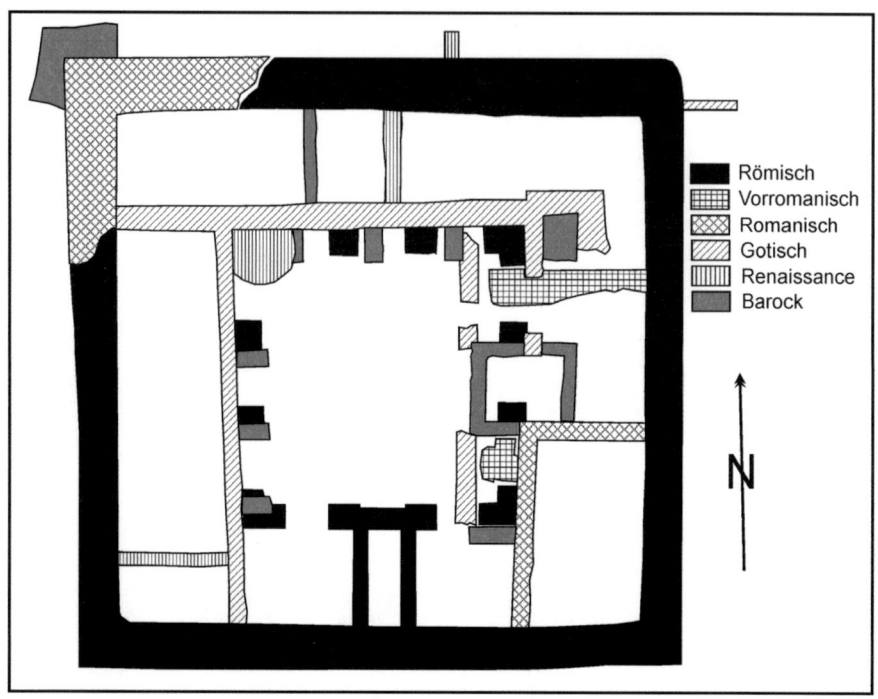

Römisch
Vorromanisch
Romanisch
Gotisch
Renaissance
Barock

N

26| Grundrisszeichnung des spätantiken Restkastells von Trais-
mauer, welches Ende des 5. Jh. n. Chr. aufgegeben wurde.

zeichnung anzunehmen. Dieser Terminus ist wohl in Verbindung mit
der *ala I Augusta Thracum* zu sehen, welche hier spätestens ab dem
Jahr 122 n. Chr. stationiert war. In der Spätantike wurde der Lagerbereich laut *Notitia dignitatum* von den *equites Dalmatae* kontrolliert.[127]

5.8 Die Burgi in Maria Ponsee (Gemeinde Zwentendorf)

Archäologische Untersuchungen, welche in den 1970er Jahren zwischen den beiden niederösterreichischen Gemeinden Traismauer und
Zwentendorf durchgeführt worden waren, ergaben, dass sich im Bereich der Ortschaft Maria Ponsee zwei weitere römische Burgi befunden haben müssen. Die Wachttürme waren auf der Niederterrasse der
Donau positioniert und aller Wahrscheinlichkeit nach von einer dicht
bewachsenen Aulandschaft umgeben. Für die lediglich in geringem Ab-
stand voneinander entfernten Burgi konnte interessanterweise ein

unterschiedliches Alter festgestellt werden, wobei die ältere Anlage nach gegenwärtiger Erkenntnis einem Hochwasser zum Opfer gefallen sein dürfte. Dieser Turm bestand aus etwa 80 cm mächtigem Bruchsteinmauerwerk, das ein 6 x 2,8 m messendes Geviert formte. Der jüngere Burgus besaß eine Grundfläche von 6 x 6 m und war analog zu seiner älteren Entsprechung von Gräben und Palisaden umgeben. Die Ausgrabungen der beiden Bauwerke erfolgten im Jahre 1972, nachdem deren Reste bei Erdumlagerungsarbeiten zum Vorschein gelangt waren. Die Türme können in den Zeitraum zwischen 100 und 300 n. Chr. gestellt werden und sind keiner nachhaltigen Konservierung unterzogen worden. Über die Truppenzugehörigkeit der in den Anlagen operierenden Wachsoldaten ist leider keinerlei archäologische Information überliefert.[128]

5.9 Das antike Militärlager in Zwentendorf

Westlich der wegen ihres stillgelegten Atomkraftwerkes österreichweit bekannten Ortschaft Zwentendorf befand sich archäologischen Untersuchungen zufolge in römischer Zeit ein Militärkastell, welches zum heutigen Donauufer eine Entfernung von 1,5 km aufweist. In der Antike befand sich das Areal natürlich direkt am Fließgewässer, was die Zerstörung eines beträchtlichen Teils der Bausubstanz durch periodische Hochwässer zur Folge hatte. Die trotz Naturkatastrophen erhaltene Südhälfte des Kastellareals stand im Mittelpunkt mehrerer ausgedehnter Grabungskampagnen, auf deren Basis sich einige Bauphasen differenzieren ließen (→ Abb. 27). Zu Beginn des 2. Jh. n. Chr. wurde vermutlich bereits ein Holz-Erde-Lager errichtet, welches durch einen kleinen trapezförmigen Grundriss gekennzeichnet war und von einem dem Donaulauf folgenden Grabensystem begleitet war. Schon wenig später gelangte dann vermutlich die Steinbauweise zur Realisierung, wobei diese Umstrukturierung Hand in Hand mit einer Ausdehnung des Lagers nach Süden ging. Die Forschung vertritt heute grundsätzlich die Hypothese, dass die Umwandlung des Holz-Erde-Lagers zum Steinkastell aufgrund einer Truppenverlegung erfolgt war. Die Innen-

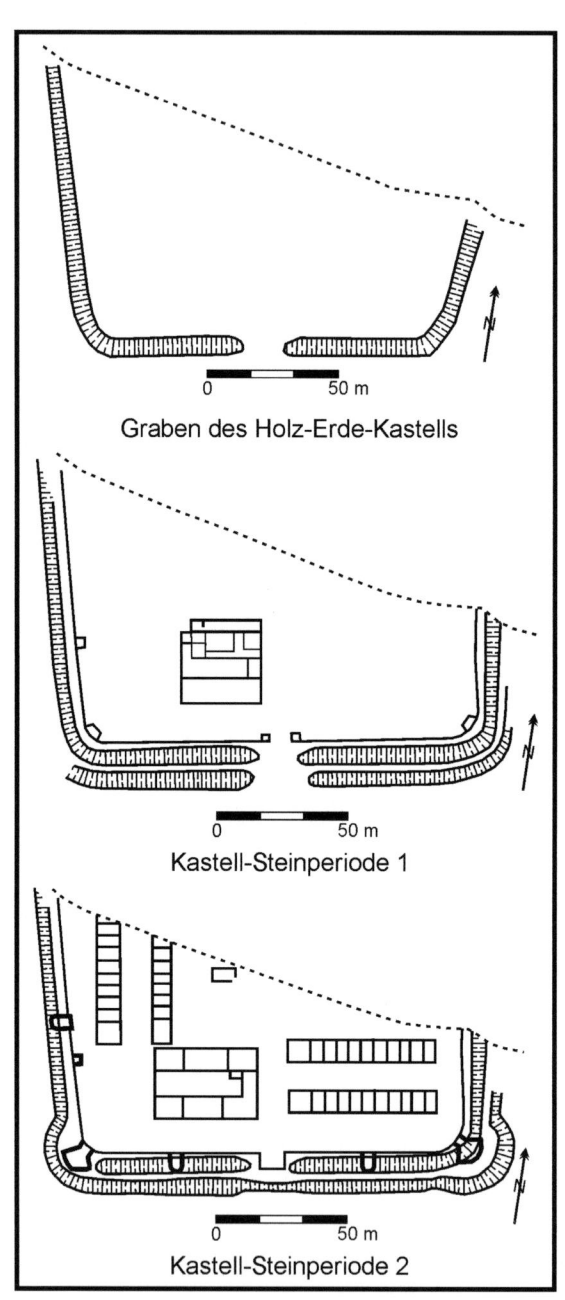

Graben des Holz-Erde-Kastells

Kastell-Steinperiode 1

Kastell-Steinperiode 2

27| Grundrisszeichnungen der einzelnen Bauphasen des Militärlagers von Zwentendorf.

bauten des Lagers waren ebenfalls durch mehrere Bauphasen charakterisiert. In der Spätantike wurde die Militäranlage durch zwei Fächertürme, drei Hufeisentürme und einen rechteckigen Bau an der Südmauer ergänzt. In mittelalterlicher Zeit wurde noch eine weitere Bebauung des Areals vorgenommen, wobei man für diese Ära eine Nutzung des Standortes als Friedhof vermutet.[129]

Basierend auf zahlreichen Ziegelstempeln wird für das Römerkastell in Zwentendorf die lateinische Bezeichnung *Asturis* angenommen. Diese findet sowohl in der *Notitia dignitatum* (Occ. XXXIV,45) als auch in der *Vita Sancti Severini* des Eugippius ihre Erwähnung. Der Name kann in direkte Verbindung mit der Stationierung der *cohors I Asturum* gebracht werden, die möglicherweise zusammen mit der *cohors V Breucorum* ihren Dienst im mittelkaiserzeitlichen Kastell versah. Weitere im Zusammenhang mit der Anlage erwähnenswerte Truppenkörper umfassen die *legio II Italica* und die *legio I Noricum*. Auch der bereits mehrfach genannte Grenzgeneral Ursicinus findet anhand eines Ziegelstempels seine Erwähnung.[130]

5.10 Das römische Militärlager in Tulln

Im Zwischenbereich der Mündungen von Großer und Kleiner Tulln kam es bereits in der frühen Kaiserzeit zur Errichtung eines Militärlagers, welches bis in die Spätantike hinauf mehrere Bauphasen durchlief. Die Anlage war auf einer alluvialen Schotterterrasse positioniert und grenzte unmittelbar an die Donau an, wodurch den Truppen die Möglichkeit eines direkten geschützten Zuganges zum Strom geboten wurde. Am östlichen Rand des Tullner Beckens gab es darüber hinaus eine Stromenge, die bei niedrigem Flusspegel einen natürlichen Übergang über das Fließgewässer darstellte.[131]

Das römische Militärlager von Tulln lässt sich mit seiner ersten Bauphase in die flavische Zeit an der Wende vom 1. zum 2. Jh. n. Chr. datieren. Hier erfolgte die Errichtung eines zeittypischen Holz-Erde-Lagers, welches in Richtung Osten über eine ausgedehnte Wallanlage, eine Lehmziegelmauer und sogenannte *liliae* (Annäherungshindernisse) verfügte. In Richtung Westen geschah die Begrenzung des Kastells durch Spitzgräben. Hinsichtlich der Nord-Süd-Ausdehnung des Lagers gibt es bis heute noch zahlreiche offene Fragen. Man nimmt jedoch an, dass die Anlage in der domitianischen Ära (81-96 n. Chr.) erbaut und bis zum Jahre 117 n. Chr. genutzt wurde. Schon im Jahre 104 n. Chr. begann man mit dem sukzessiven Umbau des Holz-Erde-Objektes in ein Steinlager, wobei die *porta principalis dextra* in die Frühzeit dieser Transformation fällt. Nach seiner Fertigstellung erstreckte sich das Kastell über eine Fläche von ungefähr 5 ha. Im Laufe der Jahrzehnte wurde dessen nördlicher Teil von der Donau weggespült, wodurch sich dieser Bereich archäologisch nur mehr sehr schwer rekonstruieren lässt (→ Abb. 28). Das den mächtigen Mauern vorgelagerte Spitz-

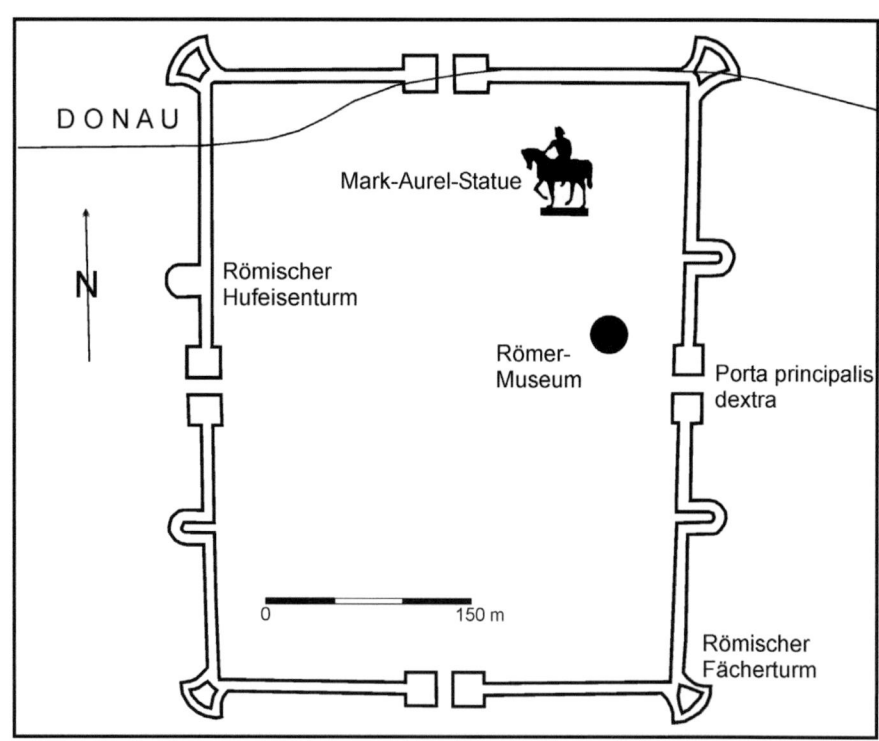

28| Grundrisszeichnung des Militärlagers von Tulln mit seinen einzelnen Befestigungselementen. Der nördliche Teil des Kastells wurde durch periodische Donauüberschwemmungen zerstört.

grabensystem wurde in mindestens zwei Bauphasen errichtet. Die Grundfesten der östlichen Toranlage wurden nach archäologischen Grabungen im Jahre 1980 einer umfangreichen Restauration unterzogen (→ Abb. 29). Detaillierte Untersuchungen der Spinamauer ermöglichten zudem die Determination der exakten Ausrichtung des Steinkastells. Die Südost- und Südwestecke der Anlage konnten unterhalb der spätantiken Fächertürme angetroffen werden und wiesen eine Abrundung auf, wie sie bei Militärlagern der Zeit immer wieder auftritt.[132]

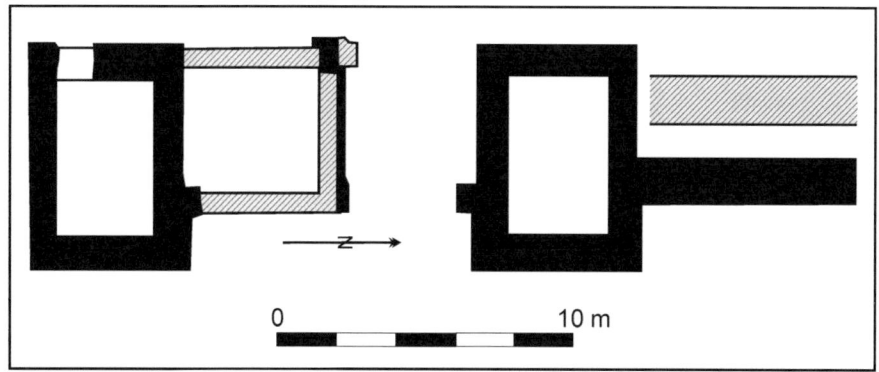

29| Rekonstruktionszeichnung der *porta principalis dextra* des kaiserzeitlichen Militärlagers von Tulln (schwarz: vorhandene Strukturen, grau: ergänzte Strukturen).

Im 3. Jh. n. Chr. wurde das Militärlager von zwei Brandkatastrophen heimgesucht, welche die Vernichtung großer Teile der Anlage zur Folge hatten und wahrscheinlich durch eine kurzzeitige feindliche Einwirkung ausgelöst worden waren. Von der spätantiken Bausubstanz sind lediglich noch ein Fächerturm und der sogenannte „Römerturm" (→ Abb. 30) erhalten, wobei die Errichtung dieser spätkaiserzeitlichen Wehranlagen mit einiger Sicherheit ins 4. Jh. n. Chr. datiert werden kann. Der „Römerturm" besteht von den Grundmauern bis zur Traufe aus antikem Mauerwerk, welches sich trotz zahlreicher Ausbesserungen noch in einem sehr guten Zustand befindet. Der wesentliche Sinn des Turmes bestand in einer zusätzlichen Verstärkung der Westflanke

des Militärlagers. Zudem wollte man eine weitere Möglichkeit zur Aufstellung eines dauerhaften Spähpostens schaffen.[133]

30 Der bekannte „Römerturm" an der Westseite des römischen Militärlagers von Tulln. Das Gebäude besteht von den Grundfesten bis zur Traufe aus spätantikem Gussmauerwerk, welches über einen großteils sehr guten Erhaltungszustand verfügt.

Um 400 n. Chr. wurde das Militärlager zum Ziel einer weiteren Zerstörung, welche schließlich die sukzessive Aufgabe der Anlage durch das römische Heer und deren langsame Transformation in eine Zivilsiedlung zur Folge hatte. Die zivile römische Besiedlung blieb der archäologischen Forschung zufolge bis zum Ende der Antike bestehen, wurde jedoch schlussendlich durch plündernde Heerscharen beendet. Erst im 8. Jh. fand eine Wiederbesiedlung des Areals und eine Wiederverwendung der verbliebenen römischen Bausubstanz statt.

In der römischen Ära schloss sich westlich und südlich des Militärlagers ein ausgedehnter *vicus* an, der noch durch ein kleineres Lagerdorf im Osten ergänzt wurde. Außerhalb der Zivilsiedlung konnten mehrere spätantike Gräberfelder vorgefunden werden, wohingegen sich mittelkaiserzeitliche Gräber entlang einer Gräberstraße im Westen der Niederlassung aufreihten.[134]

Das Militärkastell von Tulln trug in der Antike die lateinische Bezeichnung *Comagena*, welche unter anderem in der *Tabula Peutingeriana* (IV,1), im *Itinerarium Antonini* (234,1; 248,3), in der *Notitia dignitatum* (Occ. XXXIV,36; XXXIV,42) und in der *Vita Sancti Severini* (III,1; XXXIII,1) erwähnt wird. Auch eine Bauinschrift der *ala I Commagenorum* unterstreicht die Verwendung des betreffenden Terminus. Zu den bedeutendsten in Tulln stationierten Truppenkörpern zählte die bereits genannte *ala I Commagenorum*, welche sich vermutlich ab 100 n. Chr. an dem Standort aufhielt und dort bis zum 3. Jh. n. Chr. verblieb. Über militärische Einheiten der Spätantike ist bislang bedauerlicherweise noch sehr wenig bekannt.[135]

5.11 Das Römerkastell in Zeiselmauer

Die niederösterreichische Gemeinde Zeiselmauer liegt am Ostrand des Tullner Beckens und befindet sich heute etwa 1 km südlich der Donau. Das antike römische Militärlager war auf einer Schotterterrasse positioniert, welche nur wenige Meter über den damaligen Wasserspiegel der Donau emporragte und aufgrund jahrhundertelanger Hochwasseraktivität nur mehr in Relikten erhalten ist. Zeiselmauer repräsentierte das östlichste Kastell der norischen Provinz, da es bereits an den westlichen Ausläufern der Höhenrücken des Wienerwaldes liegt, über denen die Grenze zwischen den Provinzen *Noricum* und *Pannonia superior* verlief.[136]

Auch für das Römerkastell von Zeiselmauer können im Allgemeinen mehrere Bauphasen differenziert werden, wobei ein Holz-Erde-Lager aus domitianischer Zeit hier wiederum den Anfang macht. Gegen Ende des 1. Jh. n. Chr. wurde das primitive Frühlager in ein umfangreiches Kohortenkastell aus Stein transformiert, welches in der Spätantike eine entsprechende Ergänzung durch Fächer- und Hufeisentürme erfuhr (→ Abb. 31). Archäologische Befunde für das Steinlager konnten an mehreren Stellen der heutigen Ortschaft ergraben werden, wobei entlang der südlichen Mauer und unterhalb der Pfarrkirche besondere Fundsituationen vorliegen (→ Abb. 32, 33). Die Fächertürme der Nordost-, Südost- und Südwestecke sind noch weitgehend erhalten, wohingegen der Turm an der Nordwestecke nur mehr fragmentarisch über-

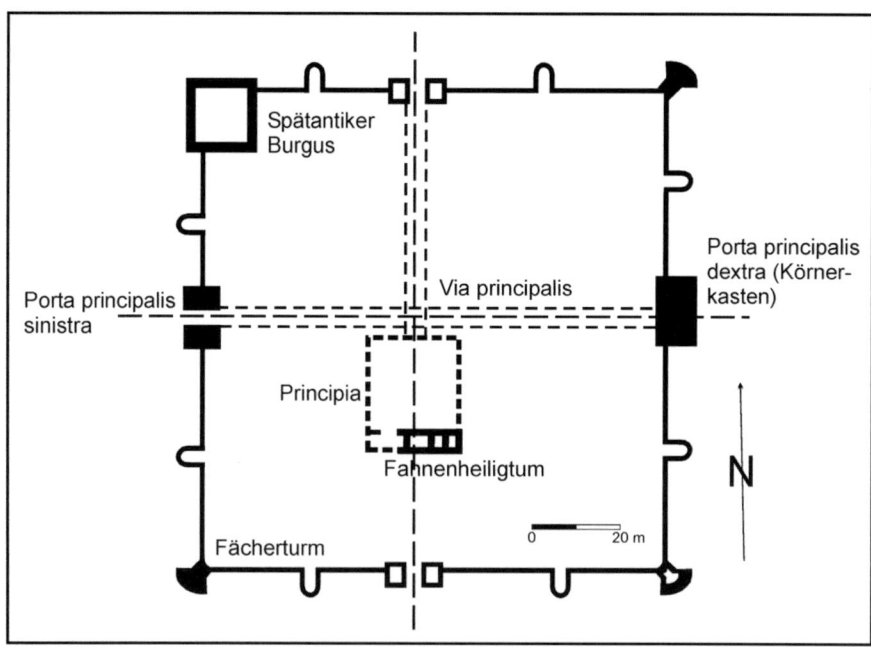

31 | Grundrissplan des römischen Militärlagers von Zeiselmauer mit Befestigungsanlagen und spätantikem Restkastell.

liefert ist. Man geht heute davon aus, dass das mittel- bis spätkaiserzeitliche Lager über eine Grundfläche von 2,2 ha (135 x 150 m) verfügte und damit zu den kleineren Befestigungsanlagen an der mittleren Donau zählte.[137]

32 | Zeichnung der Grundmauern jenes U-förmigen Turmes, welcher sich an der Südflanke des Militärlagers von Zeiselmauer befand und heute einen privaten Garten ziert.

Als Besonderheit des Militärlagers von Zeiselmauer ist ohne Zweifel ein Restkastell zu bewerten, welches im aufgehenden Mauerwerk erhalten geblieben ist und an der Nordwestecke des älteren Steinkastells positioniert ist. Die Anlage war in Bezug auf ihre Größe lediglich für die Aufnahme und Beherbergung einer kleinen Militäreinheit konzipiert und besaß gemäß archäologischer Aufnahme eine Grundfläche von 20 x 21 m. Die 1,9 m starken Mauern wurden aus doppelschaligen Sandsteinquadern mit Gusskern errichtet und lassen an ihren Innenseiten noch heute zahlreiche Gebälklöcher erkennen, während ihre Außenseiten von Gerüstlöchern übersät sind. Das Obergeschoss der Südmauer verfügte über schartenartige Fenster, die sich nach innen hin konisch erweiterten. Im Innenbereich der militärischen Anlage konnten die Fundamente von hakenförmigen Mauerpfeilern angetroffen werden, welche vermutlich einen 5 x 6 m messenden Innenhof umschlossen. Im Bereich des Südwestpfeilers liegt noch heute eine nachträglich hochgezogene Mauer mit exaktem Ost-West-Verlauf vor. Die Innenraumgestaltung des Kastells präsentiert sich in Fragmenten an einem Mauerwerk im südöstlichen Teil der Anlage. Diese wurde auf einem zuvor abgetragenen Fächerturm errichtet, wobei jedoch kein direkter Bezug zur mittelkaiserzeitlichen Kastellmauer mehr ausgemacht werden kann.[138]

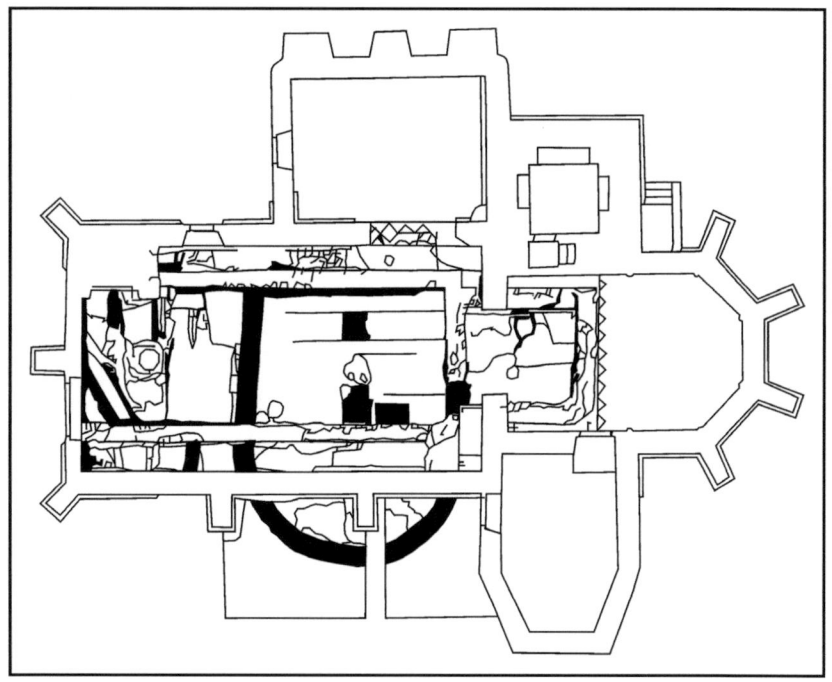

33 | Grundrisszeichnung der *principia* des Militärlagers, welche unterhalb der Kirche von Zeiselmauer verborgen liegt.

Für die lateinische Bezeichnung des Militärlagers von Zeiselmauer kommen laut *Notitia dignitatum* (Occ. XXXIV,45; XXXIV,46) zwei Alter-

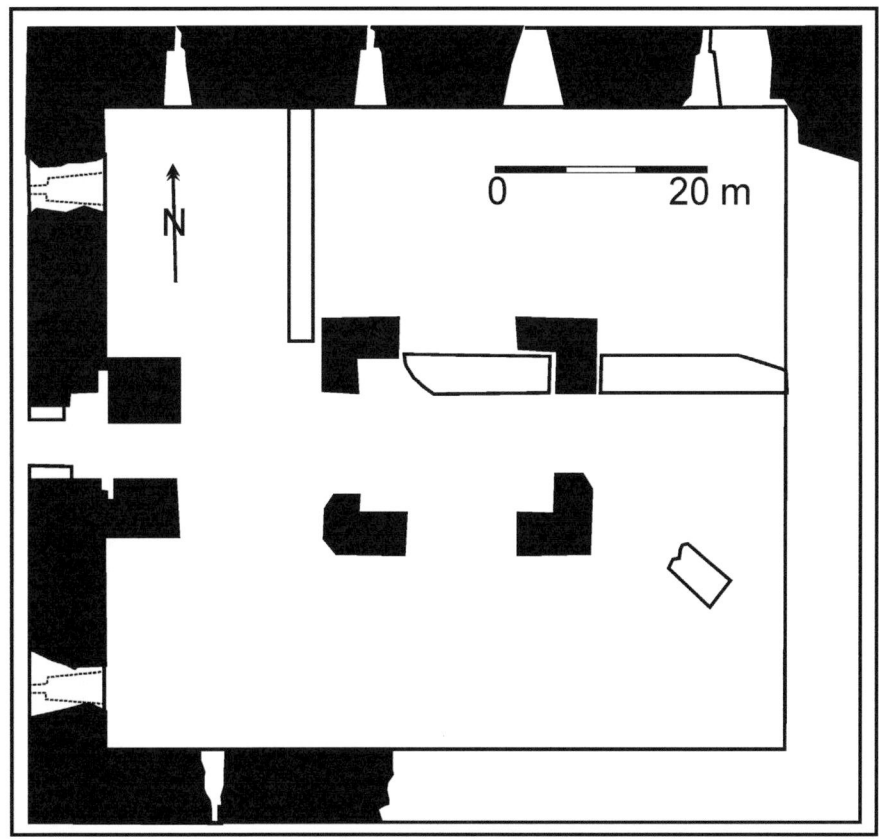

34 | Grundrisszeichnung des spätantiken Restkastells von Zeiselmauer mit seinen nahezu 2 m mächtigen Mauern.

nativen in Frage, nämlich *Cannabiaca* auf der einen Seite und *Asturis* auf der anderen. Eine endgültige Festlegung bedarf hier noch weiterer archäologischer Forschungen. In der Ära des Steinlagers war zahlreichen Ziegelstempeln zufolge die *cohors V Breucorum* innerhalb der Mauern der Anlage stationiert. In der Mitte des 2. Jh. n. Chr. war zudem die *cohors II Thracum* equitata präsent. Weitere Zeugnisse deuten auf einen Einfluss der *legio II Italica* und der *legio X Gemina* hin. Die spätantike Bauaktivität ist wiederum in Verbindung mit dem Grenzgeneral Ursicinus zu sehen.[139]

Bildtafeln

T6 Oben: Reste des spätantiken Wachtturms von Bacharnsdorf am Eingang der Wachau. Unten: Erhaltene Grundmauern des etwa 10 x 10 m messenden Wachtturms von Rossatzbach.

T7 Oben: Teile der rekonstruierten Westmauer des ehemaligen Militärlagers von Mautern. Unten: Blick ins Innere des an der Westmauer des Kastells positionierten U-Turms.

T8 | Oben: Vollständig erhaltener Hufeisenturm an der Südflanke des Militärlagers von Traismauer. Unten: Reste der *porta principalis dextra* des römischen Militärlagers von Tulln.

T9 | Oben: *Porta principalis dextra* („Körnerkasten") des Militär-
lagers von Zeiselmauer. Unten: Ruinen des quadratischen
Restkastells von Zeiselmauer.

6

Schlussbetrachtungen

Den obigen Ausführungen kann sehr klar entnommen werden, dass der ehemalige norische Donaulimes, welcher sich von Oberranna bis Zeiselmauer erstreckte, noch heute über eine durchaus signifikante Anzahl an Resten römischer Bauwerke verfügt und deshalb nicht zu Unrecht ein beliebtes Ziel althistorischer Exkursionen darstellt. Wie in den einzelnen vorangegangenen Kapiteln festgehalten werden konnte, gab es mit dem Militärlager und dem Wachtturm zwei unterschiedliche Typen des Befestigungsbauwerkes, die zugleich auch für verschiedene Aufgaben konzipiert waren. Während das Kastell in der Regel größere Truppenkörper wie Kohorten, Alen oder gar Legionen beherbergte und vom anderen Donauufer aus gestartete Angriffe germanischer Stämme zu vereiteln hatte, besaß der Wachtturm lediglich die Funktionen der Feststellung eventueller Feindesbewegungen und der Meldung verdächtiger Aktivitäten an die nächsten Stützpunkte. Das Militärlager erfuhr bereits im 1. Jh. n. Chr. seine breite Etablierung an der Nordgrenze des Römischen Reiches, wobei sich zunächst nur die sehr einfach gehaltene Holz-Erde-Bauweise durchzusetzen vermochte. Diese wurde in der Regel in der mittleren Kaiserzeit durch eine wesentlich robustere und gegen feindliche Angriffe besser gewappnete Steinarchitektur ersetzt. Der Burgus repräsentierte hauptsächlich eine ab dem späten 3. Jh. n. Chr. in Erscheinung tretende Bauform, welche für gewöhnlich aus zeittypischem Gussmauerwerk gefertigt war und sich durch eine weitgehende Konstanz in Hinblick auf ihre Architektur auszeichnete.

Viele römische Befestigungsanlagen fielen in der Spätantike immer wieder der Zerstörungswut feindlicher Heeresscharen zum Opfer, wobei die Bausubstanz in etlichen Fällen systematisch niedergebrannt wurde. Die Demolition von Kastellen und Wachttürmen rief bei den Römern zweierlei gänzlich verschiedene Reaktionen hervor. Während größere Anlagen, welche zumeist an wichtigen strategischen Punkten positioniert waren, oftmals einer Restauration und Modernisierung unterzogen wurden, blieben kleinere Bauwerke häufig als Ruinen zurück. Dies mag letztendlich auch ein Erklärungsansatz dafür sein, dass sich die Fundsituation römischer Befestigungsanlagen von Westen nach Osten sukzessive verbessert.

Während sich westlich von *Lauriacum* hauptsächlich kleinere Militäranlagen befanden, folgten östlich dieses so bedeutenden Standortes etliche große Lager mit zahlreichen Befestigungselementen. Die beste und für die archäologische Forschung gewinnbringendste Fundsituation liegt heute innerhalb der norischen Provinz in Mautern, Traismauer, Tulln und Zeiselmauer vor. Hier sind mitunter noch vollständig erhaltene Kastelltürme und Toranlagen anzutreffen. Gerade diese Bauwerke liefern dem Forscher ein tieferes Verständnis der Architektur und baulichen Konzeption in der römischen Ära, repräsentieren andererseits aber auch wichtige Anschauungsobjekte für Unterricht und Studium.

Die archäologische Forschung hat gerade in den vergangenen 50 Jahren sehr viel zum Wesen der römischen Herrschaft im Ostalpen- und Donauraum herausgefunden, so dass man heute wesentlich mehr zu den Römern in Österreich weiß als zu Beginn des 20. Jh. Die noch immer anhaltende kontinuierliche Veröffentlichung von Untersuchungen zu diesem Thema zeigt sehr deutlich, dass es noch etliche Fragen zur römischen Kolonisation und zu dem damit verbundenen Militärwesen zu klären gibt. Die nach Drohnensondierungen auf gezielten Grabungen basierenden Freilegungen von Münzen, Ziegelstempeln oder Grabsteinen bewirken einen fortlaufenden Erkenntniszuwachs, der in Zukunft sicherlich bei der Lösung des einen oder anderen noch offenen Problems zum Tragen kommt. Hier ergibt sich auch für zukünftige Archäologen und Archäologinnen ein reiches und spannendes Betätigungsfeld.

L

Literatur

Überblicksliteratur zum Donaulimes in Österreich

— Alföldy (1974) —
Alföldy, G., *Noricum.* – London/Boston (1974): Routledge.

— Bengtson (1979) —
Bengtson, H., *Römische Geschichte. Republik und Kaiserzeit bis 284 n. Chr.* – München (1979^3): Beck.

Doneus/Bilek-Czerny (2011)
Doneus, M./**Bilek-Czerny**, E., Carnuntum und Limes. – Mitteilungen aus Niederösterreich 45, 2011, 32-34.

— Duncan-Jones (1996) —
Duncan-Jones, R., The impact of the Antonine plague. – JRA 9, 1996, 108-136.

— Ehmig (1998) —
Ehmig, U., Zu Auswirkungen der Pest in antoninischer Zeit. – ZPE 122, 1998, 206-207.

— Friesinger/Krinzinger (1997) —
Friesinger, H./**Krinzinger**, F. (Hrsg.), *Der römische Limes in Österreich.* – Wien (1997): Verlag der Österreichischen Akademie der Wissenschaften.

— Gassner/Jilek/Ladstätter (2002) —
Gassner, V./**Jilek**, S./**Ladstätter**, S., *Am Rande des Reiches. Die Römer in Österreich. Österreichische Geschichte 15 v. Chr. – 378 n. Chr.* – Wien (2002): Verlag Überreuter.

— Genser (1986) —
Genser, K., *Der österreichische Donaulimes in der Römerzeit. Der römische Limes in Österreich 33.* – Wien (1986): Verlag der Österreichischen Akademie der Wissenschaften.

— Johnson (1987) —
Johnson, A., *Römische Kastelle.* – Mainz (1987): Philipp von Zabern.

— Kandler/Vetters (1986) —

Kandler, M./**Vetters**, H. (Hrsg.), *Der römische Limes in Österreich. Ein Führer.* – Wien (1986): Verlag der Österreichischen Akademie der Wissenschaften.

— Mócsy (1974) —

Mócsy, A., *Pannonia and Upper Moesia. A History of the Middle Danube Provinces of the Roman Empire.* – London/Boston (1974): Routledge.

— Schausberg/Birkenfeld (1982) —

Schausberg, N./**Birkenfeld**, W., *Westermann Geschichtsatlas.* – Wien (1982): Westermann

— Seeck (1897) —

Seeck, O., Artikel Burgus. – PW I/5, 1897, Sp. 1066-1067.

— Visy (2003) —

Visy, Z., *The ripa Pannonica in Hungary.* – Budapest (2003): Akadémiai Kiadó.

— Sturm (2013) —

Sturm, R., *Der römische Limes von Passau bis Carnuntum.* – Saarbrücken (2013): Südwestdeutscher Verlag für Hochschulschriften.

— Zöllner (1990) —

Zöllner, E., *Geschichte Österreichs.* – Wien (1990): Oldenbourg.

Spezialliteratur zu den einzelnen Kapiteln

— Bender/Moosbauer (2003) —

Bender, H./**Moosbauer**, G., Das römische Donaukastell Schlögen in Oberösterreich. Die Funde aus den Grabungen 1957-59, 1984 und die Altfunde. – Passauer Universitätsschriften zur Archäologie 8, 2003.

— Eckhardt (1969) —

Eckhart, L., Das römische Donaukastell Schlögen in Oberösterreich (Die Ausgrabungen 1959-1959). – RLÖ 25, 1969.

— Ertel (1995) —

Ertel, Ch., Alte und neue Grabungen im Kastell Favianis (Mautern). Archäologische Befunde 1950 - 1994. – FÖ 34, 1995, 229ff.

— Ertel (1996a) —

Ertel, Ch., Alte Befunde aus dem Kastell Favianis/Mautern. – FÖ 35, 1996, 69-92.

— Ertel (1996b) —
Ertel, Ch., Ausgrabungen im "Severinskloster" in Mautern/Favianis 1957-1959. – FÖ 35, 1996, 93-103.

— Ertel (2005) —
Ertel, Ch., Befundauswertung der Ausgrabungen und Sondierungen im Bereich der Spittelwiese. – LAF 36, 2005, 55-120.

— Farka (1999) —
Farka, Ch., Archäologische Kulturlandschaft Wachau, in: **Hajos**, G. (Hrsg.), Denkmal – Ensemble - Kulturlandschaft am Beispiel Wachau. – Internationales Symposion 1998 in Dürnstein, 1999, 167ff.

— Fleischmann (2003) —
Fleischmann, G., *Das römische Tulln (Comagena).* – Wien (2003): Dissertation Universität Wien.

— Gassner et al. (2000) —
Gassner, V./**Groh**, St./**Jilek**, S./**Kaltenberger**, A./**Pietsch**, W./**Sauer**, R./**Stiglitz**, H./ **Zabehlicky**, H., Das Kastell Mautern-Favianis. – RLÖ 39, 2000.

— Gassner /Jilek (2000) —
Gassner, V./**Jilek**, S., Fundstellen, in: **Gassner**, V./**Groh**, St./**Jilek**, S./**Kaltenberger**, A./**Pietsch**, W./**Sauer**, R./**Stiglitz**, H./ **Zabehlicky**, H., Das Kastell Mautern-Favianis. – RLÖ 39, 2000, 26-130.

— Genser (1986) —
Genser, K., Der österreichische Donaulimes in der Römerzeit. Ein Forschungsbericht. – RLÖ 33, 1986.

— Genser (2007) —
Genser, K., Lentia - Linz unter militärischem Aspekt, in: **Schwanzar**, Ch./**Winkler**, G. (Hg.), Archäologie und Landeskunde. – Beiträge zur Tagung im Linzer Schlossmuseum 26. - 28. April 2007, 2007, 79- 84 (Studien zur Kulturgeschichte von Oberösterreich; 17).

— Groh/Sedlmayer (2002) —
Groh, St./**Sedlmayer**, H. , Zusammenfassung, in: **Groh**, St./**Sedlmayer**, H. (Hrsg.), Forschungen im Kastell Mautern-Favianis. Die Grabungen 1996 und 1997. – RLÖ 42, 2002, 554-564.

— Groller (1903) —
Groller, M. v., Straßen- und Limesforschung. – RLÖ 4, 1903, 1-52.

— Harreither (2003) —

Harreither, R., Die St. Laurentius-Basilika von Lorch, in: **Leskovar**, J./**Schwanzar**, Ch./**Winkler**, G. (Hg.), Worauf wir stehen. – AÖ, 2003 (Kataloge des Oberösterreichischen Landesmuseums, Neue Folge; 195), 175-176.

— Jilek (2000a) —

Jilek, S., Funde. Die Kleinfunde, in: **Gassner**, V./**Groh**, St./**Jilek**, S./ **Kaltenberger**, A./**Pietsch**, W./**Sauer**, R./**Stiglitz**, H./ **Zabehlicky**, H., Das Kastell Mautern-Favianis. – RLÖ 39, 2000, 333-352.

— Jilek (2000b) —

Jilek, S., Zur Truppengeschichte von Mautern, in: **Gassner**, V./**Groh**, St./**Jilek**, S./**Kaltenberger**, A./**Pietsch**, W./**Sauer**, R./**Stiglitz**, H./ **Zabehlicky**, H., Das Kastell Mautern-Favianis. – RLÖ 39, 2000, 353-362.

— Krenn-Leeb (1994) —

Krenn-Leeb, A., *Das frühbronzezeitliche Gräberfeld sowie die ur- und frühgeschichtliche Besiedlung von Melk, Spielberg-Pielamünd. Eine Notgrabung der Abteilung für Bodendenkmale des Bundesdenkmalamtes in den Jahren 1969/70, Bd. 1-3.* – Wien (1994): Dipl.-Arbeit Universität Wien.

— Melzer (1975) —

Melzer, G., Archäologische Untersuchungen in der Filialkirche St. Veit in Sarling, Gemeinde Ybbs an der Donau. – FÖ 14, 1975, 27ff.

— Menghin (1913) —

Menghin, O., Eine spätneolithische Station bei Melk (Niederösterreich). – MAWG 43, 1913, 94ff.

— Nistler (1909) —

Nistler, M., Die Grabungen in Mauer-Öhling. – RLÖ 10, 1909, 117ff.

— Noll (1958) —

Noll, R., Römische Siedlungen und Straßen im Limesgebiet zwischen Inn und Enns. – RLÖ 21, Wien 1958.

— Noll (1980) —

Noll, R., Das Inventar des Dolichenusheiligtums von Mauer an der Url (Noricum). Textteil. – RLÖ 30, 1980.

— Nowotny (1925) —

Nowotny, E., Vom Donau - Limes. – Anzeiger der Akademie der Wissenschaften in Wien, Phil.-hist. Klasse, 62, 1925, 89 ff.

— Offenberger (1977) —

Offenberger, J., Archäologische Untersuchungen in der Stadtpfarr-
kirche von Traismauer. – FÖ 16, 1977, 215ff.

— Offenberger (1983) —

Offenberger, J., Das römische Lager Augustianis-Traismauer. – FÖ 22,
1983,133ff.

— Pietsch (2000) —

Pietsch, W., Spätantike Festungstürme in Mautern, in: **Gassner**, V./
Groh, St./**Jilek**, S./**Kaltenberger**, A./**Pietsch**, W./**Sauer**, R./**Stiglitz**, H./ **Zabehlicky**, H., Das Kastell Mautern-Favianis. – RLÖ 39,
2000, 361-380.

— Ployer (2002) —

Ployer, R., *Linz- Spittelwiese: Funde aus der römerzeitlichen Brand-
schuttschicht.* – Wien (2002): Dipl.-Arbeit Universität Wien.

— Ployer (2005) —

Ployer, R., Linz - Spittelwiese: Funde (in Auswahl). – LAF 36, 2005,
189-329.

— Risy (1994) —

Risy, R. A., *Römerzeitliche Brennöfen in Noricum.* – Wien (1994): (Dipl.-
Arbeit Universität Wien.

— Ruprechtsberger (1980a) —

Ruprechtsberger, E. M., Ein Inschriftstein mit Nennung der Cohors II
Batavorum aus Linz. Militärische Zeugnisse aus Linz. – JSL 1979,
1980, 11-20.

— Ruprechtsberger (1980b) —

Ruprechtsberger, E. M., Ein Beitrag zu den römischen Kastellen von
Lentia: Die Terra Sigillata. Mit einem Beitrag von David Mitter-
kalkgruber. – LAF 10, 1980.

— Ruprechtsberger (1986) —

Ruprechtsberger, E. M., Die Legionslager in Albing/NÖ. und Lauria-
cum/Lorch-Enns, in: Ausst. Kat. Oberösterreich - Grenzland des
römischen Reiches, 1986, 71-78 (Kataloge des OÖ. Landesmuseums Neue Folge 7).

— Ruprechtsberger (1996) —

Ruprechtsberger, E. M., Lauriacum unter römischer Herrschaft, in:
Katzinger, W./**Ebner**, J./**Ruprechtsberger**, E. M., Geschichte von
Enns, 1996, 11-62.

— Ruprechtsberger (2003) —

Ruprechtsberger, E. M., Antikes Lentia - neue Forschungen und Erkenntnisse, in: **Leskovar**, J./**Schwanzar**, Ch./**Winkler**, G. (Hg.), Worauf wir stehen. – AÖ, 2003 (Kataloge des Oberösterreichischen Landesmuseums, Neue Folge; 195), 121-126.

— Ruprechtsberger (2005) —

Ruprechtsberger, E. M., Die Ausgrabungen im Bereich der Spittelwiese im Spiegel der neueren Forschung – Ein Überblick. – LAF 36, 2005, 7-54.

— Ruprechtsberger (2007) —

Ruprechtsberger, E. M, Elmar Tscholl (1919-2002) und seine Forschungen im antiken Wallsee. – CJ 2007, 11-20.

— Schwanzar (1986) —

Schwanzar, Ch., Der römische Grenzabschnitt zwischen Passau und Linz, Oberösterreich - Grenzland des Römischen Reiches. Sonderausstellung des OÖ. – Landesmuseums im Linzer Schloss, 1986, 51ff.

— Schwanzar (2003) —

Schwanzar, Ch., Der Donaulimes in Oberösterreich, in: **Leskovar**, J./**Schwanzar**, Ch./**Winkler**, G. (Hg.), Worauf wir stehen. – AÖ, 2003 (Kataloge des Oberösterreichischen Landesmuseums, Neue Folge; 195), 101-112.

— Stellnberger (1996) —

Stellnberger, J., *Die römerzeitlichen Funde von der Druckerei Wimmer, Promenade 23 und die Stellung dieses Fundplatzes im Gesamtbild des antiken Lentia betrachtet.* – Salzburg (1996): Dipl.-Arbeit Universität Salzburg.

— Stiglitz (1975) —

Stiglitz, H., Das römische Donaukastell Zwentendorf in Niederösterreich. Die Ausgrabungen 1953- 1962. – RLÖ 26, Wien 1975.

— Trampler (1905) —

Trampler, R., Ioviacum, das heutige Schlögen und seine Umgebung. – 30. Jahresbericht der Realschule Wien, 1905.

— Tscholl (1978) —

Tscholl, E., Römisches Limeskastell in Wallsee. 10 Jahre Beobachtungen zum Limeskastell von Wallsee (1966 - 1976) – RÖ 5/6, 1977/78, 109ff.

— Tscholl (2002) —

Tscholl, E., Archäologische Mosaiksteine aus Wallsee. Beobachtungen, Feststellungen, Fundbergungen und Grabungen im Bereich des Donau-Auxiliarkastells. Teil B: Neue Funde aus dem Kastellbereich Wallsee, 1979-1999. Hannsjörg Ubl zum 65. Geburtstag – RÖ 23/24, 2000-2001, 2002, 113ff.

— Ubl (1980) —

Ubl, H., der österreichische Abschnitt des Donaulimes. Ein Forschungsbericht (1970-1979), in: **Hanson**, W. S./**Keppie**, L. J. F. (Hrsg.), Roman Frontier Studies 1979. Papers presented to the 12th International Congress of Roman Frontier Studies 2 (British archaeological reports/ International Series 1980), Oxford 1980, 587ff.

— Ubl (2008) —

Ubl, H., Der Ziegelstempel des Iulius Iulianus magister figulinae aus dem Lager Wallsee (Locus Felicis) am norischen Limes. – RÖ 31, 2008, 169-184.

— Winkler (1971) —

Winkler, G., Legio II Italica. Geschichte und Denkmäler. – JÖM 116/I (1971), 85-138.

— Winkler (1975) —

Winkler, G., *Die Römer in Oberösterreich*. – Linz (1975): Linzer Landesmuseum.

— Winkler (2003) —

Winkler, G. Legio II Italica. Das "Hausregiment" von Lauriacum, in: **Leskovar**, J./**Schwanzar**, Ch./**Winkler**, G. (Hg.), Worauf wir stehen. – AÖ, 2003 (Kataloge des Oberösterreichischen Landesmuseums, Neue Folge; 195), 131-136.

— Zabehlicky (1976) —

Zabehlicky, H., *Die spätantiken und völkerwanderungszeitlichen Körpergräber aus dem norischen Teil Niederösterreichs*, 1976 (Dissertation Universität Wien).

— Zimmermann et al. (2007) —

Zimmermann, U./**Singer**, M./**Pieler**, F./**Schmitsberger**, O., Rettungsgrabung in der ehemaligen Essigfabrik in Mautern: Wesentliche neue Erkenntnisse zum Kastell Favianis. – FÖ 46, 2007, 578-603.

Abkürzungen

AA	Archaeologia Austriaca
AF	Archäologische Forschungen
AÖ	Archäologie in Oberösterreich
BJ	Bonner Jahrbücher
BMÖ	Beiträge zur Mittelalterarchäologie in Österreich
CJ	Carnuntum Jahrbuch
FÖ	Fundberichte aus Österreich
FW	Fundort Wien
JBOÖMW	Jahrbuch des oberösterreichischen Musealvereines
JÖAI	Jahreshefte des Österreichischen Archäologischen Instituts
JÖM	Jahrbuch des Oberösterreichischen Musealvereins
JRA	Journal of Roman Archaeology
JSL	Jahrbuch der Stadt Linz
LAF	Linzer Archäologische Forschungen
MAGW	Mitteilungen der Anthropologischen Gesellschaft in Wien
MSW	Monographien der Stadtarchäologie Wien
MZD	Mitteilungen der Zentralkommission für Denkmalpflege
NF	Neue Folge
PAR	Pro Austria Romana
PW	Pauly-Wissowa
RLÖ	Der römische Limes in Österreich
RÖ	Römisches Österreich
WAS	Wiener Archäologische Studien
ZPE	Zeitschrift für Papyrologie und Epigrafik

ABBILDUNGSVERZEICHNIS

Abb. 1: Umzeichnung nach Schausberg/Birkenfeld (1982), S. 10/Abb. I; **Abb. 3**: Quelle: www.digitale-archaeologie.de [8. 8. 2020]; **Abb. 4**: Quelle: www.domini-francorum.org [8. 8. 2020] (Umzeichnung); **Abb. 5**: Umzeichnung nach Eckhart (1969), S. 25 ff.; **Abb. 6**: Umzeichnung nach Eckhart (1969), Beilage 1; **Abb. 7 oben**: Umzeichnung nach Schwanzar (1993), S. 20; **Abb. 8**: Umzeichnung nach Friesinger/ Krinzinger (1997), S. 190; **Abb. 9**: Umzeichnung nach Harl (1985), S. 231; **Abb. 10**: Umzeichnung nach Groller (1903), Taf. III; **Abb. 11**: Umzeichnung nach Tscholl (1978), S. 114; **Abb. 12**: Umzeichnung nach Noll (1980); **Abb. 13**: Umzeichnung nach Doneus/Bilek-Czerny (2011), S. 33; **Abb. 14**: Umzeichnung nach Genser (1986), S. 240 (Lageplan nach E. Nowotny); **Abb. 16**: Umzeichnung nach Friesinger/ Krinzinger (1997), S. 204; **Abb. 19**: Umzeichnung nach Kandler/ Vetters (1986), S. 135; **Abb. 20/21**: Umzeichnung nach Groh/Sedl-mayer (2002), S. 121 f.; **Abb. 23**: Umzeichnung nach Offenberger (1983), Abb. 12; **Abb. 24**: Umzeichnungen nach Offenberger (1983); **Abb. 25**: Umzeichnung nach Stiglitz (1975), Beilage 12/13; **Abb. 26**: Umzeichnungen nach Offenberger (1983); **Abb. 27**: Umzeichnung nach Kandler/Vetters (1986), S. 155; **Abb. 28**: Umzeichnung nach Ubl (1981), S. 32; **Abb. 29**: Umzeichnung nach Kandler/Vetters (1986), S. 162; **Abb. 31**: Umzeichnung nach Ubl (1977), S. 254/Abb. 2; **Abb. 33**: Umzeichnung nach Friesinger/Krinzinger (1997), Abb. 237; **Abb. 34**: Umzeichnung nach Friesinger/Krinzinger (1997), Abb. 233.

T3, oben: Von Veleius 23:20, 27. Aug. 2010 (CEST) - Eigenes Werk Originaltext: selbst fotografiert, Copyrighted free use, https://commons. wikimedia.org/w/index.php?curid=48300113 [20.8.2020]; **T3, unten**: Von Veleius - Eigenes Werk, CC0, https://commons.wikimedia.org/w/ index.php?curid=71015796 [20. 8. 2020]; **T4, oben**: Von Veleius - Eigenes Werk, CC0, https://commons.wikimedia.org/w/index.php? curid=71016794 [20. 8. 2020]; **T4, unten**: Von Kurwal - Eigenes Werk, CC BY-SA 4.0, https://commons.wikimedia.org/w/index.php?curid= 64329568 [20. 8. 2020]; **T5, oben**: Von Veleius 21:10, 27. Jun. 2010 (CEST) - Eigenes Werk, Gemeinfrei, https://commons.wikimedia.org /w/index.php?curid=22122805 [20. 8. 2020].

ANMERKUNGEN

1   Zöllner (1990), S. 20 f.
2   Ebd., S. 22.
3   Ebd., S. 21 f.
4   Bengtson (1979), S. 232 ff.
5   Bengtson (1979), S. 234.
6   Zöllner (1990), S. 25.
7   Alföldy (1974), S. 58 ff.; Mócsy (1974), S. 56 f.
8   Gassner/Jilek/Ladstätter (2002), S. 60 f.
9   Ebd., S. 81 f.
10   Ebd., S. 124 f.
11   Ebd., S. 117-126.
12   Die offizielle Bezeichnung *Pannonia* dürfte wohl erst unter Vespasian eingeführt worden sein; siehe dazu: Mócsy (1974), S. 88 f.
13   Gassner/Jilek/Ladstätter (2002), S. 128 f.
14   Plin. nat. III, 146.
15   Gassner/Jilek/Ladstätter (2002), S. 138.
16   Ebd., S. 168 ff.
17   Zöllner (1990), S. 31 f.
18   Duncan-Jones (1996), S. 108-136; Ehmig (1998), S. 206-207.
19   Cass. Dio LXXII, 33, 4, 2.
20   Gassner/Jilek/Ladstätter (2002), S. 162 f.
21   Ebd., S. 162-175.
22   Ebd., S. 240.
23   Mócsy (1974), S. 217 f.
24   Cass. Dio LXXVIII, 9, 5.
25   Gassner/Jilek/Ladstätter (2002), S. 255 f.
26   Zöllner (1990), S. 33.
27   Gassner/Jilek/Ladstätter (2002), S. 278 f.
28   Ebd., S. 290.
29   Ebd., S. 291 f.
30   Ebd., S. 287.
31   Ebd., S. 313 f.
32   Ebd., S. 293-296.
33   Amm. XXVIII, 2.
34   Gassner/Jilek/Ladstätter (2002), S. 308 ff.
35   Not. dign. occ. VII, 58/59; Not. dign. occ. V, 259/260.
36   Gassner/Jilek/Ladstätter (2002), S. 305 f.
37   Ebd., S. 308.
38   Gassner/Jilek/Ladstätter (2002), S. 280, 343.
39   Ebd. S. 297 f.
40   Chr. min. I, 243; Themistios XVI, 211.

41 Gassner/Jilek/Ladstätter (2002), S. 280, 336.

42 Ebd., S. 338 f.

43 Ebd., S. 340 f.

44 Severin erbat des Öfteren Schutz von den Rugierfürsten, um feindliche Übergriffe auf die Bevölkerung von Ufernoricum zu vermeiden; siehe dazu Eugipp. Vita Severini VIII, 1/XXXI, 1.

45 Gassner/Jilek/Ladstätter (2002), S. 341.

46 Le Bohec, Y./Förtsch, R./Šašel Kos, M./Lombardo, M./Todd, M./Burian, J. Artikel Castra. – In: Cancik, H./Schneider, H./Landfester, M. (Hg.), *Der Neue Pauly*, Brill, 2011. Brill Online. (http://brillonline.nl/subscriber/entry?entry =dnp_e228750) [22. 8. 2011]

47 Johnson (1987), S. 38-40.

48 Ebd., S. 38-40.

49 Ebd., S. 38-40.

50 Sturm (2013), S. 37.

51 Ebd., S. 37 f.

52 CIL VIII, 2546; CIL VIII, 2548; TLL 2250, 17-20; Seeck (1897), Sp. 1066.

53 „Quod si natura non praestat, cuiuslibet altitudinis effodiendi sunt putei: aquarumque haustus funibus extrahendi. Sed interdum sicciora sunt loca, quae montibus sunt saxisque munita: in quibus supposita castella extra murum inferiores repperiunt fontium venas, ac de propugnaculis vel turribus destinatis protegunt telis [...]"

54 Seeck (1897), Sp. 1066.

55 Sturm (2013), S. 39 f.

56 „[...] burgarii a burgis dicti, quia crebra per limites constituta habitacula burgos dicunt."

57 Seeck (1897), Sp. 1066.

58 Visy (2003), S. 53.

59 Ebd., S. 53.

60 Sturm (2013), S. 47.

61 Schwanzar, in: Kandler/Vetters (1986), S. 72 ff.; Schwanzar, in: Friesinger/Krinzinger (1997), S. 157 ff.

62 Ebd.

63 Sturm (2013), S. 49.

64 Eckhart (1969), S. 5 ff.; Genser (1986), S. 45 f.; Schwanzar, in: Kandler/Vetters (1986), S. 74 ff.; Schwanzar, in: Friesinger/Krinzinger (1997), S. 160 ff; Bender/Moosbauer (2003), S. 225.

65 Ebd.

66 Sturm (2013), S. 51.

67 Trampler (1905), S. 14 ff.; Winkler (1975), S. 95; Genser (1986), S. 79 f.; Schwanzar, in: Kandler/Vetters (1986), S. 78 ff.

115

68 Trampler (1905), S. 14 f.; Noll (1958), S. 40.

69 Genser (1986), S. 81 ff.; Schwanzar (1986), S. 53.

70 Schwanzar (1986), S. 53; Schwanzar (2003), S. 102 ff.

71 Sturm (2013), S. 54.

72 Schwanzar (1986), S. 53; Schwanzar, in: Kandler/Vetters (1986), S. 82 ff.; Risy (1994), S. 149 f., 151.

73 Genser (1986), S. 94 ff.; Schwanzar, in: Kandler/Vetters (1986), S. 84 ff.; Schwanzar, in: Friesinger/Krinzinger (1997), S. 171 ff.

74 Ebd.

75 Sturm (2013), S. 56.

76 Ruprechtsberger, in: Kandler/Vetters (1986), S. 86 ff.; Ruprechtsberger, in: Friesinger/Krinzinger (1997), S. 180 ff., Ruprechtsberger (2003).

77 Ebd.

78 Ebd.

79 Ruprechtsberger (1980a); Rubrechtsberger (1980b), S. 10 ff.; Genser (1986), S. 99-125; Stellnberger (1996); Ployer (2002); Ployer (2005); Ertel (2005); Ruprechtsberger (2005); Genser (2007).

80 Sturm (2013), S. 59.

81 Ebd., S. 59 f.

82 Ruprechtsberger (1986); Genser (1986), S. 126 ff.; Ruprechtsberger (1996); Harreither (2003); Winkler (2003).

83 Ebd.

84 Winkler (1971); Sturm (2013), S. 61 f.

85 Sturm (2013), S. 62 f.

86 Genser (1986), S. 165 ff.; Vetters, in: Kandler/Vetters (1986), S. 105 ff.; Rupprechtsberger (1996), S. 17 f.

87 Ebd.

88 Stiglitz, in: Kandler/Vetters (1986), S. 110 ff.; Sturm (2013), S. 67.

89 Genser (1986), S. 180 ff.; Ubl (1980), S. 590; Zabehlicky, in: Kandler/Vetters (1986), S. 112; Ubl, in: Friesinger/Krinzinger (1997), S. 195 f.

90 Ebd.

91 Tscholl (1978); Tscholl, in: Kandler/Vetters (1986), S. 113 ff.; Ubl, in: Friesinger/Krinzinger (1997), S. 196 ff; Tscholl (2002); Ruprechtsberger (2007); Ubl (2008).

92 Nowotny (1925), S. 112 f.; Tscholl (1978); Rupprechtsberger (1980a), S. 22; Ubl (1980), S. 590; Genser (1986), S. 184 ff.; Tscholl, in: Kandler/Vetters (1986), S. 113 ff.; Ubl, in: Friesinger/Krinzinger (1997), S. 196 ff; Tscholl, 2002.

93 Ebd.

94   Ubl, in: Friesinger/Krinzinger (1997), S. 201 f.; Tscholl (2002), S. 191 ff.

95   Sturm (2013), S. 71.

96   Sturm (2013), S. 71 f.

97   Nistler (1909); Noll (1980), S. 9 ff.; Genser (1986), S. 199 ff.; Noll, in: Kandler/Vetters (1986), S. 117 ff.

98   Ebd.

99   Genser (1986), S. 200.

100   Noll (1980); Sturm (2013), S. 73 f.

101   Genser (1986), S. 228 ff.; Zabehlicky, in: Kandler/Vetters (1986), S. 123.

102   Melzer (1975); Zabelhicky, in: Kandler/Vetters (1986), S. 122 f., 124; Genser (1986), S. 220 ff.

103   Melzer (1975); Zabelhicky, in: Kandler/Vetters (1986), S. 124.

104   Sturm (2013), S. 83.

105   Genser (1986), S. 232 ff.; Zabelhicky, in: Kandler/Vetters (1986), S. 124 ff.

106   Ebd.

107   Ebd.

108   Menghin (1913); Ubl (1980), S. 591; Genser (1986), S. 261 f.; Zabehlicky, in: Kandler/Vetters (1986), S. 128 ff.; Krenn-Leeb (1994), Bd. 2, S. 370 f.

109   Farka (1999), S. 167 ff.

110   Genser (1986), S. 264 ff.; Zabelhicky, in: Kandler/Vetters (1986), S. 130 f.; Ubl, in: Friesinger/Krinzinger (1997), S. 203 ff.

111   Ebd.

112   Sturm (2013), S. 89.

113   Farka (1999), S. 170; Ubl, in: Friesinger/Krinzinger (1997), S. 206 f.

114   Sturm (2013), S. 89 f.

115   Farka (1999), S. 170; Ubl, in: Friesinger/Krinzinger (1997), S. 206 f.

116   Sturm (2013), S. 91.

117   Gassner et al. (2000), S. 382 ff.; Gassner/Jilek (2000); Groh/Sedlmayer (2002), S. 554 ff.; Zimmermann et al. (2007), S. 594 ff.

118   Ertel (1994); Ertel (1996a), S. 80 f.; Ertel (1996b); Gassner/Jilek (2000); Gassner et al. (2000), S. 387 f.; Jilek (2000a); Jilek (200b); Pietsch (2000); Groh/Sedlmayer (2002), S. 55 f.; Zimmermann et al. (2007).

119   Ebd.

120   Genser (1986), S. 251 ff.; Ertel (1996a); Ertel (1996b); Gassner/Jilek (2000); Groh/Sedlmayer (2002).

121   Sturm (2013), S. 94 f.

122   Ebd., S. 95 f.

123   Zabehlicky (1976), S. 45 f.; Offenberger (1983), S. 157, 160; Genser (1986), S. 748; Zabehlicky, in: Kandler/Vetters (1986), S. 140 f.

124   Offenberger (1977); Ubl (1980), 591 f.; Offenberger (1983); Genser (1986), S. 304 ff.; Ubl, in: Kandler/Vetters (1986), S. 142 ff.; Ubl, in: Friesinger/Krinzinger (1997), S. 221 ff.

125   Ubl (1980), S. 591 f.; Offenberger (1983); Genser (1986), S. 304 ff.; Ubl, in: Kandler/Vetters (1986), S. 142 ff.; Ubl, in: Friesinger/Krinzinger (1997), S. 221 ff.

126   Ebd.

127   Ebd.

128   Ubl (1980), S. 592; Offenberger (1983); Genser (1986), S. 334 ff.; Zabehlicky, in: Kandler/Vetters (1986), S. 146 f.

129   Stiglitz (1975); Genser (1986), S. 337 ff.; Stiglitz, in: Kandler/Vetters (1986), S. 148 ff.

130   Ebd.

131   Genser (1986), S. 35 ff.; Ubl, in: Kandler/Vetters (1986), S. 153 ff.; Ubl, in: Friesinger/Krinzinger (1997), S. 226 ff.; Fleischmann (2003).

132   Ubl, in: Kandler/Vetters (1986), S. 156.; Ubl, in: Friesinger-Krinzinger (1997), S. 226 ff.

133   Ebd.

134   Ebd.

135   Sturm (2013), S. 107 f.

136   Genser (1986), S. 376 ff.; Ubl, in: Kandler/Vetters (1986), S. 160; Ubl, in: Friesinger/Krinzinger (1997), S. 231 ff.

137   Ebd.

138   Ubl (1977).

139   Sturm (2013), S. 111 f.